JN298560

# 恵信尼公の語る親鸞聖人

宇野弘之 著

国書刊行会

# 序に寄せて

長生きをし、社会貢献、よい仕事をして、人の役に立ち、人々から感謝される喜びの多い人生を過ごすのに何よりも大切なものは健康である。

人生わずか五十年、人生七十古来稀なり。

この世での平均寿命が五十歳にも満たず、早死をする人が多かった鎌倉時代に、親鸞聖人と恵信尼公のご夫婦は、互いを観世音菩薩と信じて尊敬し、弥陀一仏の信仰をもち、そのご加護のお蔭もあって、実に長寿の人生に恵まれた。

親鸞聖人九十歳、恵信尼公八十六歳ともいわれるそのご生涯は、そのことだけでも鎌倉時代にあっては驚天動地であろう。

子供は、六人、または七人恵まれ、教養も豊かであった恵信尼公の内助の功、女性としての功績には目を見張るものがあろう。親鸞聖人の存在をなお一層光り輝かすことになる大きな存在である。

従来より親鸞聖人の宗教的魅力や偉大さは多く語られた。しかしながら、先学の多くのの論述が、どちらかというと男性の視座にて語られ、女性の筆者も少ないことも手伝ってことであろうか、女性の視座から心情を述べる傾向が希薄であった。優秀な男性学者の論は女性の見方を充分理解したものであったであろうか。いささか疑問である。

人生意気に感じ、親鸞聖人も恵信尼公も共助の生活行動をなさって一途に念仏の道を究められた。我利〳〵亡者や私利私欲のお人柄ではなかったことはいうまでもないことである。

お互いに相手を観世音菩薩と信じ合い、法然上人は勢至菩薩の化身と崇敬したその心情に、信仰上、重要な意味があろう。「菩薩」という二文字、すなはち大乗の菩薩道に注目する必要性がある。自利利他円満の行を成就して、悟りに至るその道には、羅漢道や自利小乗の心は見られぬ。世間の人々が救いを求めるのを聞くと、直ちに救済する。救いを求める者の願いに応じて、千変万化、阿弥陀如来とともに観世音は大慈悲を行じ、人々を導く。

恵信尼公は親鸞聖人と同じ信仰心をもち、子、孫と後継者（世継ぎ）を大切に育て、しかも親鸞聖人の正室として聖人をお支えになる。そのご生涯にあって、末娘覚信尼への晩年の遺言とも思えるお手紙『恵信尼文書』の発見は、親鸞聖人の架空ではない実在の姿を明確にし、現代社会に生きる私たちに多くのことを諭している。

本書では妻恵信尼公のお手紙をひもとき、妻が語る御消息（お手紙）を通して親鸞聖人のお姿を偲ぶこととしよう。

私たちの生存する二十一世紀は、一体どのような社会なのか。

大切なことが忘れられ、「人間疎外」つまり人間の本質を失い、非人間的な現象がなお一層拡がっているといわれる。問題の所在の認識・理解が万般の解決の方向を与えるであろう。一体何が問題なのであろうか。

現代社会の社会病理現象などの把握によって、今私たちがなし得ること、仏教の社会貢献や役割も明確になることであろう。

拙著『無宗教亡国論』（国書刊行会、二〇一一年）では、現代における仏教の社会的役割を探究すると、現代病理社会の現象の背景に無信仰の影像が見られ、その無信仰が現代人の生き方を見失わせ、アイデンティティの形成を妨げていることを明らかにしている。

人生の目標なき人たち、生きる意味を見いだせない人たちが大勢いる。アイデンティティ形成不全に苦しんでいるその現代人に、心の依りどころ、信仰の必要性、宗教擁護論を熱っぽく説く理由があった。人間存在の根本問題への処方箋を語らねばならぬことが拙論の論点であった。

今、このような現代社会に一石を投ずるとすれば、「蘇れ大乗仏教精神」「親鸞精神」「蓮如パワー」。その精神力に満ちた祖師の一途な生き方に論点の展開が現前することになる。私たちは日頃ご尊前で「正信偈」と念仏和讃を勤行する。親鸞聖人が承元元（一二〇七）年に法難に遭い、師法然上人は西讃岐に、宗祖聖人は北越後にご流罪の身となられた。流罪の勅免を受けられた後に、関東にて二十年以上の伝道を行い、その間、元仁元年五十二歳の春には常陸（ひたち）の稲田の草庵に住して『教行信証』六巻の論述をなさったといわれ、その「行巻」の終わりに肝要なる行・信の関係の明らかにし、立教開宗の精神を語っている。それが「正信偈」である。

本願寺第八代蓮如上人が、五十九歳の文明五（一四七三）年三月に、一般の門信徒に「正信偈」の拝読をすすめ、朝夕両度の勤行の法式をお定めになり、六時礼讃であったこれを改め「正信偈」六首引、または三首引とせられた。

念仏を正信する聖人の信仰は「正信偈」の心を了解すると明確になるが、親鸞聖人の妻である恵信尼公は、その聖人を身近で生涯の伴侶としてどう支え、感じ、崇敬しておられたのであろうか。

本著を著すに当り、浅学菲才な筆者であるが、お気づきの点はご指導いただければ幸いである。

# 目次

# 第一話

## 仏教と女性差別

親鸞聖人（一一七三～一二六二）は、長年の間、学者間やサロンでは架空の人物ではないかと語られてきた。親鸞非実在論が話題になっていたのである。

大正十年の冬、西本願寺の宝庫にて『恵信尼消息』が発見され、親鸞聖人史実論が確証された。建長八（一二五六）～文永五（一二六八）年にいたる十二年間の、いわゆるこの『恵信尼文書』が二人の間に生まれた子供のことや親鸞聖人との情愛の細かさを伝え、親鸞聖人は歴史上実在の人物であることが明らかになった。

『恵信尼消息』は、恵信尼の晩年に娘の覚信尼に宛てたもので、旧仮名の手紙である。十一通のうち二通は下人の譲り状である。これについては現代文にて後程取り上げよう。

鎌倉仏教の祖師たちは妻を娶ったであろうか。道元（一二〇〇～一二五三。曹洞宗の開祖）は五十四歳で入寂。栄西（一一四一～一二一五。臨済宗建仁寺派祖）は七十五歳で入寂。両禅宗の祖師たちは生涯妻を娶っていない。日蓮（一二二二～一二八二。日蓮宗の開祖）も女人成仏は説いたものの、生涯独身であった。法然上人（一一三三～一二一二。浄土宗の開祖）も八十歳の生涯を独身で貫いている。通常、この時代の祖師たちの人生には、もちろん妻帯論はなかった。

この時代、女性はどのような人として考えられていたのであろうか。

いつの時代にも男尊女卑・女尊男卑問題は、人々の関心の的になっている。

二十一世紀の今日は、わが国の社会を決定する最重要課題に、男女が互いにその人権を尊重しつつ、責任も分かち合い、性別にかかわりなく、その個性と能力を充分に発揮できる「男女共同参画社会」が実現している。

個人の尊重と「法の下の平等」「男女平等」の実現を課題とし、平成十一（一九九九）年六月二十三日法律第七八号にて、「男女共同参画社会基本法」が制定されている。

男女が互いに人権を尊重しつつ、能力を充分に発揮できる社会の実現、家庭生活だけでなく、議会への参画や、その他の社会活動においても、基本的平等を理念とし、男女の人権が尊重され、男女差別をなくすための法律の制定である。

人権とは、人間である以上当然のこととして保証されなければならない「自由」「平等」などの権利のことである。人間は、生まれながらにして自由かつ平等な「権利」をもっている。日本国憲法では、平等権、思想・信教の自由、集会・結社・表現の自由、社会権、拷問の禁止、黙秘権等を基本的人権として規定している。

家族を構成する男女は、相互の協力と社会の支援の下に、子の養育、家族の介護、その他の家庭生活における活動について、家族の一員としての役割を円滑に果たし、なおかつ社会的諸活動も行うことができるとする。男女共生社会の実現である。

職域、学校、地域、家族、あらゆる社会の分野において「共に生きる社会」の形成に寄与するように努めねばならず、ＩＬＯ第一五六号条約の趣旨に添い、子の養育、家族の介護については、社会もともに責任を担うべく、その社会的支援の充実強化を図ることが求められている。

女性に対する暴力の根絶は「女性の人権の確立」にとって欠くことができない。性別によるあらゆる差別をなくすこと、男女の人権の尊重が欠かせない事柄となっている。国民の理解を深める教育活動および広報活動を積極的に推進する必要がある。二十一世紀男女平等論である。

さて、日本仏教史における女人往生の実態は、古代・中世・近世それぞれの時代によって異なっている。

奈良・平安仏教の女性観は、五障三従（ごしょうさんしょう）という、男性に比べて女性は、はるかに深く重い煩悩や業障を身にまとっているとして、差別されている。

中世、近世に至っても女性差別は続く。その女人の救済は、生まれながらにして往生の条件を欠いているとみる差別的女性観であった。

女性が諸仏から見放された理由として、女性は、疑い深く、生まれながらにして身に背負っている五つの障りがあるので、成仏、往生は不可能であると考えられた。女性が仏の位を得るのは、まったく不可能なことである。男子さえ往生は難しい。ましてや女性は三途（さんず）、八難（はちなん）の世界以外に行くべきところはなく、六趣（ろくしゅ）や四生でなければ生をうけられない。女性は永遠に成仏の望みがない。女性が浄土に生まれるということは、思いもよらぬことである。

女性という存在は、男子の仏道修行に最大の障りであるばかりでなく、女性自身に成仏の可能性はなく、三世十方の諸仏から、成仏・往生を見放された存在であると差別されたのである。

## 法然上人の女人救済論

そのような社会状況にあって、浄土宗の開祖、法然上人自身の手による女人成仏論（女人往生論）が展開され、巷に生きるすべての人々を開放する仏教の救いの道が開かれた。法然上人、親鸞聖人は、阿弥陀仏ただ一仏を選択し、それに救いを求め、念仏による諸人往生論を説いた。

身を置いた修行道場比叡山は女人禁制であり、山には女性の姿を見ることがなかった。里に下りた開祖たちは、数多くの女性を身近に見て、男ばかりでない女人往生論（成仏論）を説く必要にせまられた。

法然上人は、十三歳から三十年間、古代仏教の諸山諸寺（南都、叡山）を遍歴し、弥陀の念仏ただ一つを、末法の世の往生の道として選択している。衆生往生の道は、弥陀の本願を信じ、念仏を唱えるより他にないという専修念仏への回心である。法然四十三歳、承安五（一一七五）年の春、弥陀一仏を選択し、それを人に教えて信じさせるという宗教的信念による行動に出た。

法然上人は、中国唐代初期、長安を中心に活躍した僧善導（六一三〜六八一）を『三部経大意』のなかで、「阿弥陀如来善導和尚トナノリテ唐土ニ出テ云ハク」と、『無量寿経釈』の註釈書を根拠に女人往生について語る。

念仏往生の願（第十八願）は男女を区別せず、阿弥陀仏がお迎えに来て、極楽浄土にいざなってくれる。仏・菩薩が本来の使命とする根本的な願いである。「至心廻向、係念定生の願」（第二十願）も然りである。

法然上人は善導の意を承けて、上は一形を尽くし、下は一念にいたる称名念仏を往生行として誓われた。

特に女性だけの第三十五願（女人成仏・女人往生の願）は、阿弥陀仏四十八願にあって、女性が浄土に往生して男子の身に変わるようにということを誓う「変成男子」「転女成男」の願である。その意図するところは、女性は障り重く、とりわけはっきりと往生を約束しなければ、ただちに疑いの心をおこす。疑い深くなっている女性は、弥陀の本願を心から信じきれない。だからこそ、第三十五願があるという。五障・三従にして煩悩深重、三世十方の諸仏から成仏することを拒絶されたその女性に対し用意された往生の道が弥陀の第十八願であり、三十五願であった。

阿弥陀仏による女人往生は、女性を男に変えることによって、女性だけが生まれながらに身につけている五障・三従の障りを除いての往生であり、法然上人の説いた念仏による女性の救い（女人往生論）は来迎思想であった。

来迎とは、念仏行者の臨終の際に、阿弥陀三尊が二十五人の菩薩とともに白雲に乗り、その死者を迎えに来て極楽にお迎えになるという思想である。それによって女人は浄土におもむく。このことを阿弥陀仏四十八願のうちの第十九願に示されている。来は「かえる」の意味で、「法性のみやこにかえる」という意味に理解するとわかりやすい。一念〳〵で五障・三従の障りを消滅しつくして、一念で臨終来迎をこうむるという往生観である。

阿弥陀仏の本願は、末法の世のわれら、煩悩具足の凡夫を救おうとしてお起こしになった願であり、この末法の時期においても必ず往生できる。諸仏如来がお捨てになったわれら凡夫を、極楽に迎えようとお誓いになった弥陀の本願に、法然上人は巡り合った。

往生は疑いない、南無阿弥陀仏〳〵と唱えれば、男性も女性も善人も悪人も、十人は十人ながら、百人は百人ながら、皆往生をとげる。仏の来迎にあずかる。それを疑ってはならない。弥陀の本願を信じて念仏すれば、往生は必ずできる。念仏の信心ただ一つである。

法然は、念仏一行を往生の行とし、女人往生を諸人の往生とともに平等に説いた。

よく知られる念仏往生の話に、室の遊女との対話があろう。

法然上人は流罪によって、土佐におもむく途中立ち寄った播磨国室の泊で、遊女と出会う。遊女として生きるよりほかに生きる術をもたぬ鎌倉時代の孤独な一女性が、法然上人に「このような罪深い女性も往生できるでしょうか」と尋ねる。

法然上人は、「そのような生き方をせずに、ほかの生業があるならば遊女をやめ、もし遊女以外に生きる術もなく、身命をかえりみないほどの道心（仏道を修めようと思う心）がいまだおこらないならば、そのまま遊女として専ら念仏を称え続けなさい。阿弥陀如来は、罪深い人々のためにこそ誓願（誓い）を立てたのであるから、諸人救済の誓願、本願を深く頼み、今の自分を卑下する必要はない。一途にお念仏をすれば往生は疑いあるまい」と、遊女以外に生きる術をもたなかったその女性に、念仏往生の道を説いた。

山里にこもり、念仏ひと筋に生きた遊女は、やがて臨終正念の念仏をして、往生の素懐を遂げたと『念仏往生論』に語られている。

古代社会には見られなかった女人往生論が、法然上人によって語られ、弥陀の第十八願に加え、第三十五願、臨終来迎往生が、女人往生思想となり、変成男子の姿にて女人救済往生が説かれたのである。

## 親鸞聖人の女人成仏思想

二十九歳の若き親鸞は、建仁元（一二〇一）年、法然の門をたたいた。法然門下の一人として約六年間、承元元（一二〇七）年、三十五歳のとき、師法然とともに流罪を受けるまで、京の都の老若男女に念仏の救いを伝えることを宗教的使命として布教活動に専念した。

親鸞は、人間の本質を煩悩具足の凡夫と知り、「不断煩悩得涅槃」（煩悩を断ずることなく煩悩具足のまま、仏にしてくれる救い）を求め、弥陀の本願に巡り合い、本願を選択したのであった。弥陀の廻向、信心、仏性が与えられる絶対他力の道に、信仰の確信を得た。

煩悩具足のままで、この世において仏と同じ如来等同の位につけてくださる弥陀に対し、「報恩謝徳の道」をわが信念として、念仏布教にあたった。

親鸞は、師法然の思想を極めて忠実に継承した弟子の一人であった。

親鸞におきては、ただ念仏して、弥陀にたすけられまゐらすべしと、よきひと（法然）の仰せをかぶむりて、信ずるほかに別の子細なきなり。……たとひ法然聖人にすかされまゐらせて、念仏して地獄におちたりとも、さらに後悔すべからず候ふ。

『歎異抄』のこの言葉は、師法然上人の教えに対してまったく疑念なき信頼感がみられる。

さて、親鸞聖人が語る「煩悩具足の凡夫」である人間観、その煩悩論を究めると、八万四千の煩悩、百八煩悩で知られる衆生の心身を煩わし、悩ませる一切の妄念は、貪、瞋、癡、慢、疑、見を根本とし、その種類は極めて多い。

五濁の一つ「煩悩濁」は、人が煩悩によって、さまざまな罪業を行うことが示される。煩悩は凡夫を悩ませて悟りの妨げになる「煩悩魔」となる。

「煩悩罪悪深重」といえば、女性が最たるものと諸々の経典が説き、仏教者もこの偏見を肯定していた。生まれながらにして五障・三従を身につけていると女性は規定された。

親鸞は『浄土和讃』（大経讃）にて女人成仏をはっきりと説く。

弥陀の大悲ふかければ
　仏智の不思議をあらはして
変成男子の願をたて
　女人成仏ちかひたり

この「浄土和讃」は、よく女性の葬儀の際に読まれる和讃である。

法然上人同様に「変成男女」の思想にもとづく弥陀の三十五願による女人成仏観であり、七高僧の善導以来のものを、そのまま継承している。

弥陀の名願によらざれば
百千万劫すぐれども
いつゝのさはりはなれねば
女身をいかで転ずべき（『高僧和讃』「善導大師」）

この和讃も弥陀の本願によらなければ百千万劫という長い歳月を経過しても、女性は五障を除くことができない。女身をどのようにして転ずべきであろうか。女性の身を男に変えて成仏することは不可能であると嘆く。

親鸞聖人の女人往生・成仏思想は、弥陀の三十五願を支えとした変成男子の往生であり、念仏の救いにあっては、臨終来迎ではなく、この現生にて念仏を称えるのである。

この点は、師の法然上人の来迎思想をさらに究め「不来迎の談、平生業成の義なり」と現生にて信心決定のとき、「正定聚不退転位」に住して、往生が約束される。

煩悩具足のまま往生が決定し、寿命がつきたとき、女性は男に変成し、極楽浄土に生まれる。五障三従の身など、弥陀の本願力には何の障りともならないという。

男性も女性も弥陀の前では人間として平等である。称名念仏は報恩謝徳であり、報恩のための念仏道であった。

自分の往生が決定したと自覚する人は、弥陀のご恩を考えて、報恩のために念仏を心にし、世の中も安穏なれ、念仏ひろまれと思うべきである。

往生がまだ決定していないと思う人は、まず自分の往生を求めて念仏すべきであると「自信教人信」（自ら信じ、人にも教えて信じさせる）の道を示している。

親鸞聖人の救済観は平生業成である。つまり、浄土に往生し得るための因は、平生の生活のうちに定まっている。平常のときにおいて浄土に生まれる業が成立し終わっている。平生の生活において、阿弥陀仏の誓いを信ずることによって、すでに救いが約束されている。

臨終を待たず、平生において身命をささげ、仏の教えに帰依する帰命の一念、信仰心を獲得し、阿弥陀仏の名号を聞き、一念の信心を起こした者は、その信の一念にすぐさま往生すべき身と定まり、現世この人生において、正定聚不退転の位に住する（「即得往生住不退転」。『無量寿経』下、大正十二巻二七二中）。

阿弥陀仏に救われて、正しく仏になると定まった人々、他力念仏を信じ、悟りまで退転なく進んでやまぬ仏道不退の菩薩の仲間入りをすることであると、平生の生活における信仰の大切さを諭した。

老若男女皆平等に念仏者を、阿弥陀如来は照護して摂取し、安心立命を与えるという念仏往生道を語るのであった。

## 煩悩熾盛(しじょう)のわれら――女人非器

女人講という言葉がある。婦人が求道のために開いた会合のことであるが、中には仏法をよく修した人もいて、その人たちを女居士と呼んだ。

しかし高野山では女人堂を設けて、参詣の女性たちにはここで礼拝を行わせ、そこから奥へ進むことは許さなかった。女人が本堂へ入ることを禁じたのである。

仏教では女病(にょびょう)という言葉もある。僧侶が女性に対して性的な交わりを行い戒律を犯すという女犯の可能性がある。女性は修行僧にとって修行の妨げとなることが多いとして女人禁制とし、修行道場に入ることを禁止したのである。

煩悩熾盛のわれら、僧侶も人間である。女性と一緒にいることで心が迷い、修行の妨げになることもあり得るので、比叡山も高野山も女人禁制であった。大和の大峯山のように、今日でもこれを守っているお山もある。

女人は仏法を受けるに充分な資格がないと考えられた(女人非器)。その源は古代インドにあって、女性には生まれ持った障害(五障)が存在して、浄土には女性はいないと蔑視され、女性の地位を低く見た。すべての者が仏の悟りを実現できるという大乗仏教の教えと矛盾しているが、女性は、梵天王、帝釈、魔王、転輪王、仏の五種の者にはなれないとしていた。

その「救われざる女性」に光を当て女人往生を説いたのは、釈尊の弟子への説法『無量寿経』である。

阿弥陀仏の四十八願のうち第三十五願に、女性も浄土に往生して男子の身に変わるように誓いが立てられた（『無量寿経』上、大正十二巻二六八下）。女人の往生である。女人が極楽浄土に往生して男子に生まれ変わる。法然上人はこれを「変成男子の願」と名づけ、親鸞聖人は「女人往生願」「女人成仏の願」と名づけた。

身を男性に変えてこれを解決しようという「変成男子の願」は、『法華経』では、龍王の八歳の娘が、文殊菩薩の導きによって男身となり、南方世界で成仏したと説かれ、『須摩提菩薩経』『大宝積経』『無所有菩薩経』などでも論議されている。大乗仏教の女人成仏への配慮である。

恵信尼公は、親鸞聖人の本妻（正室、legitimate wife）であった。夫が相手を呼ぶ場合、一般的には妻、家内、女房と呼ぶが、恵信尼公は身分のある人の側女ではなく、正式な妻であった。

一般的には僧侶の中にも朝帰りをしたり、人目に触れぬよう女性宅へ通っていた者も当時いたようであるが、なぜか親鸞聖人は、仏道にあるにもかかわらず堂々と妻を娶り、御結婚をなさった。ここに妻が語る親鸞聖人論が紐解かれるのである。

## 一般的な親鸞論

親鸞聖人は下級貴族、日野有範の子とされている。この点についても異論が語られる。九歳で当時の学問の殿堂・比叡山に登った。僧としての地位は高くなく、横川の常行堂の堂僧であった。つまり堂を守る堂衆（寺院諸堂に分属して雑役に従事した法師、下級僧侶）である。推測するに、その生活は俗人とさほど異ならなかったであろう。

二十九歳のとき、京都の六角堂に参籠し、夢のお告げを得て、東山吉水の法然上人（一一三三～一二一二）の門に入った。親鸞聖人は、法然上人によって浄土信仰の眼を開かれ、専修念仏の人となる。法然上人の主著『選択本願念仏集』の付嘱を受けるほどに、重要な門弟の一人と数えられた。

承元元（一二〇七）年の法難で、延暦寺と興福寺の念仏宗排撃に連座して越後御流罪となる。放免までの五年の間に恵信尼と結婚されたと見られている。そのことは『口伝鈔』（本願寺三代覚如上人〈一二七〇～一三五一〉編述）に親鸞聖人の言行録として記されている（第十一～十二章）。その後関東にいらして、常陸の稲田の草庵に約二十年滞在なさった。

本願他力の教えの宣布教化を行ったことは、後に『門侶交名牒』（関東の門弟に書き送った書簡）にてその姿を知ることができるが、関東在住二十年間の末、元仁元（一二二四）年のころから主著『教行信証』を書き始め、京都在住の後年に及ぶ。京都には妻の恵信尼、末娘の覚信尼を連れて帰洛したが、恵信尼はその後越後に帰ったらしい。京都に行かず越後へ直帰したとも語られる。

京都では念仏弾圧や念仏の異端邪説が依然として行われていた。親鸞聖人は著述を通して邪宗門でない他力念仏の真実の教えを論述し、多くの著作が京都帰洛後の晩年に書かれている。

年老いて最も心を痛めた事件は、長男の善鸞（ぜんらん）が直弟たちに、関東における念仏停止とからんで、自分こそが父親鸞より直接他力念仏の真意を夜中に伝授されたといいふらした異安心事件である。聖人は、性信以下門弟に善鸞義絶の手紙を送っている。これが善鸞義絶事件である。

親鸞聖人は、弘長二年十一月二十八日、寿算九十歳にて往生の素懐を遂げる。自然法爾思想として老病死の人生の終焉を受け入れ、天寿をまっとうなさった。

著書に『教行信証』『浄土和讃』『高僧和讃』『正像末和讃』『皇太子聖徳奉讃』『愚禿鈔』『唯

信鈔文意』などがあり、師法然上人のお言葉として親鸞聖人が書き残しているものに『西方指南鈔』がある。

以上が親鸞聖人のご生涯として一般によく知られている史実であろう。

# なぜ聖人は妻を娶ったのか

「妻が語る親鸞聖人」が本著のテーマであるが、当時、僧侶の肉食妻帯は禁じられていたにもかかわらず、なぜ親鸞聖人は伴侶を求めご結婚なされたのであろうか。

## 一、戒律を守れぬ愚禿釈の鸞

七〇一年の大宝令『僧尼令(そうにりょう)』は、平安時代の律令国家における僧尼統制上の刑罰、規則を主内容とした規定、つまり僧尼の修行や社会生活に関する規定である。そこでは、私度僧（官許を得ずに私的に出家すること）を許さず、僧尼の宗教活動を寺院内に限定し、社会との接触伝道を禁じることに重点が置かれた。

行基の民間伝道は、顕著な反僧尼令運動であったが、民衆を救済するため、特にお咎(とが)めはなかったようである。

飲酒、肉食、妻帯、五辛も禁じた。五辛とは、精力のもとになる臭味の激しい五つの野菜（韮、葱、にんにく、らっきょう、生姜）のことである。禁制違反には律による処罰（還俗苦使など）も定められており、僧侶は結婚できないばかりか、男女の修行僧の親しげな会話も禁じられていた。

鎌倉時代にも『僧尼令』の影響は残存したと考えられる。戒律を重視する当時の鎌倉旧仏教界にあって、この律令は、次第に形骸化はするものの、鎌倉時代のみならず明治時代にいたるまで影響を残存させ、禅の名僧で生涯独身を貫いた信念の人は近年まで多々見られた。

戒律は、人間完成への修行生活の規則であった。戒は規則を守ろうとする自発的な心の働きであり、律は他律的な規範（仏教教団の秩序維持に必要な規範）であった。

今日も十善（十種の善い行い）は奨励されている。

一、不殺生（生きものを殺すなかれ）
二、不偸盗（盗むなかれ）
三、不邪淫（男女の道を乱すなかれ）
四、不妄語（偽りをいうなかれ）
五、不綺語（ふざけた言葉をいうなかれ）

六、不悪口（悪口をいうなかれ）
七、不両舌（仲たがいをさせるようなことをいうなかれ）
八、不慳貪（貪るなかれ）
九、不瞋恚（怒るなかれ）
十、不邪見（人間生存の理法について、邪な見解を抱くなかれ）

以上が、人々の守るべき「人となる道」十善業道である。真言宗などの在家勤行宗にも十善戒を守ることの尊さが説かれている。僧侶になる出家の際には、その十善戒を守れるかどうかを問われ誓約させられる。保持できないと答えれば入門は許されない。一見簡単なようで、一つ一つを吟味してゆくと現代人には誠に厳しい戒律である。

十善戒が厳しければ、在家仏教信者が守るべき五つの戒めもある。

(1)生き物を殺さないこと
(2)盗みをしないこと
(3)妻、夫以外の異性と交わらないこと（性に関して乱れず道ならざる愛欲を犯さないこと）
(4)嘘をつかないこと
(5)酒を飲まないこと

以上の五戒であれば遵守できるであろうか。在家信者の保つべき戒め、五つの過ちを禁制する大切な事柄である。酒で失敗する人もいる。酒の上の喧嘩も多い。女性に乱される凡夫も多い。お金にまつわる話題も絶えない。三角関係で殺害する人もいる。戒律で生活を律し得れば、何等問題はおきないのである。

戒律を破り、欲しいままにふるまったり(放逸)、戒を破ってしかも自らの心を恥じない(無慚)、持戒できない破戒僧や戒律を守れぬ在家の人々もいる。僧侶も同じ人間である。人間に変わりはない。血気盛んな若いとき、外泊をして女性の元から朝帰りをする人は鎌倉時代にもいたらしい。夜、恋人の元へ忍んで行き、相手の寝床へ忍び入る夜這(よばい)が、人目につかぬようコソコソと行われたようである。

しかし親鸞聖人は、一人の赤裸の「人間」として、真正面から煩悩具足の凡夫として、女性との暮らし、結婚問題に堂々と取り組んだ。

親鸞聖人は自らを「愚禿」と称し、建長七(一二五五)年には『愚禿鈔』も著述している。阿弥陀仏への絶対的な信に基づく親鸞思想の概要を記した二巻鈔であり、真面目な宗教的著述である。

愚禿とは、愚かで道理がわからない禿頭者の意味である。禿頭は、僧侶の坊主頭に例えたのであろう。

## 二、妻帯に至る人生観の背景――親鸞思想の特色としての三願転入の哲学

危機の時代の思想である実存主義（Existentialismus）に学生時代興味をもち、キルケゴール、ニーチェ、ヤスパース、ハイデッガー、マルセル、サルトル、メルロ・ポンテイなどの著述を筆者はよく読んだ。自らの生きる時代の閉塞的状況を打破しようと苦闘が語られていた。十九世紀中葉のデンマークの思想家ゼーレン・キルケゴール（一八一三～一八五五）は、実存の領域を美的実存、倫理的実存、宗教的実存の三段階に区別し、神の前に一人立つ単独者の主体的真理のうちに実存者の自由を見た。

この実存の深まりの人生航路の三段階に、若き筆者は心をひかれた。

若い人たちが興味をもった実存主義、その実存を強調したのは、キルケゴールからであった。人間固有の存在には合理化し得ない単独性、唯一性、実存がある。本質に対する実存の優位を認めこれを出発点とした。合理主義的機械的文明のもとで平均的大衆と化する近代人の在り方に対する批判でもあった。

本来あるべき自己自身（人間性）に無関知の関係に立たしめられていること（人間疎外）も問題である。物と区別されねばならない人間としての現存在に実存主義は注目をした。東洋人としての思惟をする親鸞にとっては、信仰は常にこの自己、束縛の業をなすこの身体的な自己の問題であり、この自己をつくりかえる働きである。慈悲の招喚たる名号がこの私の心身をつくりかえるという「三願転入」の哲学による宗教的実存を問題とした。信仰における自己体験（己証）を真実に向かって、信仰確立に向かって心が転換することの軌跡を論理的に語る重要な概念であった。

転入は、方向を転じて真実の世界に入ること。真実の世界に摂取（おさめとる）されることを意味する。その論理は段階的な発展過程をとる。この三願転入の論理はよくキルケゴールの美的、倫理的、宗教的段階に即入する実存の発展過程と比較される。すなわち西洋人も東洋人も、苦悩を持つ人間としては変わらないとの考えである。

三願転入の三願とは、浄土三部経の『無量寿経』に説かれる四十八願（阿弥陀仏が法蔵比丘であった昔、一切衆生を救うために発した四十八の誓願）のうち第十九願、第二十願、特に第十八願を指してこの三願のとおり順次に信仰体験が進み、純粋他力の信仰が確立されたとの告白である。

主著の『教行信証』（化身土巻）には、

愚禿釈の鸞、論主の解義をあおぎ、宗師の勧化によりて、ひさしく万行諸善の仮門をいでて、ながく双樹林下の往生をはなる。善本徳本の真門に回入して、ひとえに難思往生の心をおこしき。しかるに、いまことに方便の真門をいでて、選択の願海に転入せり。すみやかに難思往生の心をはなれて、難思議往生をとげんと欲す。果遂のちかい（第二十願）、まことにゆえあるかな。ここにひさしく願海に入りて、ふかく仏恩をしれり。

と記されている。

　この双樹林下往生→難思往生→難思議往生と次第に転入してゆく自己の信仰の軌跡をふりかえって、万行諸善の第十九願（自力の人生観）、善本徳本の第二十願（半自力、半他力）、第十八願である選択の願海（絶対他力）へと順次転入したと、宗教的体験を告白するのである。

　一、双樹林下（そうじゅりんげ）往生……『観無量寿経』の世界、第十九願（自力の信、自力の行）は、不了仏智（ふりょうぶっち）の信の相（すがた）、仏心の真実を知らない信仰である。善悪等自見の覚悟、自己の固定観念の絶対化にとどまっている信仰であり、この段階では善悪を問わず平等に一切衆生を救おうという仏心を知らない。

二、難思往生……『阿弥陀経』第二十願（自力の信、他力の行）は、自力の執心のある信で口には願力を頼みたてまつるというが、願力を疑い、他力を頼みたてまつる心が欠け、自見のはからいにとらわれた信仰、境遇である。

三、難思議往生……『無量寿経』第十八願（他力の信、他力の行）は、報土に往生する真実の教である。

名号の念仏を往生の手段として取り違える信仰ではなく、信も行も、一切が他力の廻向であると信知して報恩感謝の信楽に入らしめるところに、他力信仰の純粋性がある。

この純粋他力信仰への廻心が、いつおとずれたか。

『教行信証』化身土巻の後序に「建仁辛酉の暦、雑行（自力の修行）をすてて、本願に帰す」とある。親鸞の回顧によれば、そのことが起こったのは、親鸞二十九歳、建仁元（一二〇一）年であったという。それは『恵信尼消息』に、吉水に暗闇の照らす弥陀の光明、信仰の灯をともす法然をたずねて、「百か日、降るにも照るにも、いかなるたいふにも、まいりてありしに」とある求道の途上における出来事であったと考えられる。

親鸞聖人には、戒律的な生活を徹底できない悩みがあった。戒律の人としての倫理的範疇、倫理的領域では解決できない宗教者としての実存的悩みがあった。晩年に作られた「悲歎述懐和讃」に見られるとおり、人間性そのままをさらけ出し、救われざる者として宗教的自覚（実存領域）にて、弥陀の救済を求めた。ここに倫理を超えた宗教者親鸞の救済道が存在したのである。

親鸞聖人は「われ」「われら」（＝人間）をどのように把握していたのであろうか。人間性、つまり人間観である。倫理的領域では解決できない宗教的苦悩があったことはすでに述べたが、聖人の著述には人間性そのものについて「煩悩具足の凡夫」「煩悩成就のわれら」「罪悪深重煩悩熾盛（しじょう）の衆生（しゅじょう）」といういい方が多々見られる。

煩悩は、われら人間の心身を常に煩わし悩ますものである。いってみれば人間の生活と切り離せない根本的なものである。この煩悩をいかに取り除き、悟り、解脱を得るかが仏教修行の根本的課題であった。

煩悩を断じて解脱を得ることができれば、まさに悟ったわけであるが、この煩悩を取り除くことは、言葉でいうほど容易な代物ではない。なかなか悟れない。むしろ煩悩を取り除くことは困難である。

愛欲そのものの根源性、執拗さに悲鳴をあげ、愛欲深くして脱し難き身、救われ難き身であることを告白し、「悲しきかな、愚禿鸞（ぐとくらん）、愛欲の広海に沈没し、名利の太山に迷惑して、定聚の数に入ることを喜ばず、真証の証に近づくことの快しまざることを、はづべし、いたむべし」（『教行信証』信巻末、真仏弟子釈）と歎く。

この愛欲とは、深く妻子などを愛する情愛、および異性に対する性愛の欲望を意味する言葉である。情愛は、人間として根本的なものである。その情愛に人間の苦悩の根源を見た。そして愛欲を断ち切って苦しみの源を滅する仏道修行に励んだが、断ち切ろうとしても愛欲を断ち切れない人間の生活、現存在、実存を知り、この現存在に苦悩の有情を発見した。

このような人間であるわれらに一体救済はあるのか。ここに親鸞の宗教的設問、その解決道という宗教的実存の問題点があった。われらすべての有情（生きとし生ける者）の救済の道を根本的テーマとして、東洋的思惟、哲学は展開した。

## 三、尊敬すべき先輩、聖覚、隆寛の影響

同じ法然上人を崇敬し、仏教修行に専念する尊敬すべき先輩に、聖覚（一一六七～一二三五）、隆寛（一一四八～一二二七）がいる。親鸞聖人は、思想形成に当たり、この二人の影響を受けるところが少なくなかった。

聖覚の『唯信鈔』を解説し『唯信鈔文意』を、隆寛の『一念多念分別事』を註釈し『一念多念文意』を、親鸞は著わしている。それほどに、親鸞はその師法然を「よき人」と慕い、聖覚、隆寛の二人を「よき人々」と呼び、この二人に対し、法然と同等、もしくはそれに準ずるほどに尊敬していた。

二人は、源信以来の叡山浄土教の伝統に連なる天台僧である。

聖覚の祖父は、有名な藤原通憲（信西入道）である。通憲は、保元の乱前後より院政期きっての敏腕家として縦横に活躍をし、ついには平治の乱で大和田原の山中であえない最後をとげている。博覧強記の碩学であり、『本朝世紀』『法曹類輪』などの著述がある。子弟には俊憲、桜町中納言成範、解脱上人貞慶の父貞憲、興福寺別当の覚憲、高野山浄土教の鼓吹者明遍、そして聖覚の父澄憲法印などがいる。

聖覚は、仁安二（一一六七）年、澄憲を父として生れた。澄憲は「ひとたび高座に昇れば、四衆耳を清くす」（『元亨釈書』）と謳われた唱導家（教えを説いて仏道に導く、先立ちとなり他を導く）として名高い人物である。もと叡山の竹林院で天台の学を究め、その後は竹林院の里坊である安居院（京都市寺の内）に常住し、安居院法印とよばれた。安居院は唱導の道場として天下に喧伝された。聖覚はこれら父祖の血をうけ、智慧才覚に恵まれていた。

皇族や貴族のいとなむ法会に、聖覚は説法師としてしばしば招かれ、得意の雄弁を揮い、「聞くもの涙を拭わざるなし」（藤原定家の日記『明月記』）という感動を与えた。

寿永四（一一八五）年、聖覚が十九歳の年の春、平氏一族は壇浦に滅んで源氏の天下となった。鎌倉が武士の政権となったことは、京都の貴族たちに深刻な影響を与えた。澄憲や聖覚の雄弁な唱導がもてはやされたのも、こうした時代の動向を反映している。都市や農村にもめまぐるしい変化が起こり、新しい民衆の力が伸びはじめた。説教は、大衆に対し、仏教を宣布する大切な手段として重要視されはじめた。

時代の動きを見ることに鋭敏な安居院聖覚が、民衆の間に大きな信頼を得けていた法然の浄土教教団に関心をもつようになった。彼がいつごろから法然に師事するようになったかは明らかではない。一説には、元久二（一二〇五）年夏、法然がひどい流行病に悩まされたとき、聖覚は、前関白九条兼実の命をうけてその平癒を祈った（『明義進行集』『法然上人伝記』）。法然と聖覚の師弟関係はこのころに始まったと考えられている。時に聖覚は三十九歳だから、すでに天台の学者として、あるいは唱導の大家として一家をなしたのちである。

承元元（一二〇七）年、念仏停止令により、法然と七人の弟子は流罪に処せられた。親鸞もその一人であった。ところが、なぜか聖覚は何のとがめもうけず、いつものように権門の法会に招かれて講師を勤めている。

隆寛は、久安四（一一四八）年の生まれであり、聖覚より二十年ほども年長である。父は肥後守藤原資隆、粟田関白道兼五世の孫である。一族には醍醐の覚鏡、仁和寺の覚教、天台の皇円（いずれも叔父）などのすぐれた学僧が多く、この点も聖覚の場合に似通っている。彼は若くして叡山に登り、皇円に師事したといわれるが、皇円こそは、叡山における法然の師匠にほかならない。

隆寛は、登山して横川の戒心谷に住した。また彼の師であり法然の師でもあった皇円は、浄土教の大成者、源信の系統を引く恵心流の碩学である。隆寛は法然に接する以前に、源信以来の叡山浄土教の伝統のなかで、充分な浄土教的信念を身につけていたと想像される。隆寛も聖覚も叡山でともに修行し、法然の専修念仏をかなり深く理解していたようである。

新旧仏教の対立は、教学的な共調者の弾圧にまで進む。聖覚はつねにその圏外にあったが、隆寛は法然滅後の混乱を座視するにたえず、かつて法然の住した吉水に程近い長楽寺（京都市円山公園付近）に居を占め、さかんに専修念仏を鼓吹し、かつ著述に専念した。嘉禄三（一二二七）年六月、山門の大衆は大谷の法然の墓を発掘し破壊しようとした。そして翌安貞二（一二二八）年、隆寛は専修念仏の張本人として、空阿、成覚らとともに流罪に処せられた。すでに八十歳を越えた隆寛は、配所、相模の飯山で、その年の十二月十三日世を去った。

越後御流罪も終え関東に滞在し、親鸞は帰洛した。執拗な度重なる法難によって、同朋たちは諸国に四散し、師法然上人は入寂、京都には親しい人は誰もいなかった。ただ一人、六つ年上の安居院聖覚を親鸞は訪れ、『唯信鈔』の書写も許されたのであろう。

聖覚は、文暦二（一二三五）年二月二十一日、六十九歳で遷化している。晩年の親鸞聖人は、安居院聖覚、長楽寺の隆寛の二人の書いた書物に深い傾倒を示し、少なからぬ影響をうけた。聖人は、「よきひとびと」として二人に尊敬の念を抱いていたと思われる。

聖覚は、生涯、天台僧として唱導（説法）の面で名が高く、「万人落涙」の人であった。法然浄土教に帰依したことでも知られ、その著『唯信鈔』に浄土信仰がまとめられ、親鸞聖人もこの書の影響を受けている。

この聖覚は、唱導の大家であった父澄憲同様、妻帯をしている。聖覚は親鸞聖人に、吉水にて念仏を説く師である法然上人の存在を知らしめ、指南したともいわれている。父澄憲とともに公然と妻帯し、伝統の叡山の仏教僧にあって、法然の信仰に共鳴したり、異色の存在であった。

生死度脱の道を希求しながらも煩悩に迷惑していた若き親鸞は、信頼できる聖覚の妻帯も見聞きして、妻子をもつ民衆とともに歩く人生航路を希望したのではなかったか。恵信尼公に巡り合う前の聖覚の妻帯の姿、人生行路が親鸞聖人の人生観に影響を与えたことは充分考えられるであろう。

## 四、沙弥教信の存在

親鸞聖人が、理想とし手本としていた聖に、沙弥教信（七八六〜八六六）がいる。「われはこれ賀古の教信沙弥の定なり」（覚如『改邪鈔』）とあり、半僧半俗の人であった。興福寺の学僧として唯識、因明を学んだが、むなしさを知り、播磨国賀古の駅の北のほとりに住んだ。僧であるが妻子を持ち、村人に雇われ田畑を耕し、旅人の荷を運ぶ駅夫をして生活をつなぐ日々であった。

朝起き、眠りにつくまで常に念仏を怠らず、学問仏教をやめて妻帯し、貧乏のなかで非僧非俗の生活を送り、常に念仏を唱えるその姿を、人々は阿弥陀丸と呼んだ。貞観八（八六六）

年八月十五日、八十一歳で入寂している。

貧乏のため、葬送を行う金銭もなく遺骸は野に打ち棄てられ、犬や鳥の食うにまかせる放置の状態であった。

「それがしが閉眼（死）せば賀茂河に入れて魚にあたうべし」という親鸞聖人の言葉は、背景に沙弥教信を、聖の理想とし心に置いていたともいわれる。

聖人は七人の高僧（聖徳太子、法然上人など）を崇敬されたが、生き方として沙弥教信を理想とし周囲の者にも語ったといわれている。

教信は、親鸞聖人より四百年の前の人である。親鸞聖人は、その沙弥教信の「生き方」を追慕し手本としていた。

恵信尼公との結婚問題の理由には以上の四つの背景が考えられる。

# 親鸞聖人の妻

さて、親鸞の妻については、恵信尼一人とする説の他に二人説、三人説がある。どの説が正しいのであろうか。

a．妻二人説

一人は、摂政大相国九条兼実の女（むすめ）であって範意（大弐阿闍利、すなわち印信）を生んだ女性である。もう一人は、兵部大輔三善為教の女で、これは小黒女房、善鸞（慈信）、明信（栗沢信蓮房）、有房（益方大夫入道）、高野禅尼および覚信尼の六人を生んだ女性とされている説である。

九条兼実の女という説は史実に合わないからこの説を取る人は少ない。範意についても否定しようとする傾向がある。

三善為教の女とは恵信尼のことである。六人のうち小黒女房、栗沢信蓮房、益方入道、高野禅尼などは、恵信尼と越後にともに移り住んだと想像される。善鸞は恵信尼の実子なのだろうか。善鸞は恵信尼の子であるとしても、「母のあま」と善鸞が「まゝはゝ」といったということ（『消息』）より恵信尼の実子でないという説を取る人もある。

「まゝはゝ」は、継母（父の配偶者で実母や養母でない者、stepmother）のような母という意と理解する解釈が穏当であろうが、善鸞を恵信尼の実子でない説をとれば親鸞の妻は恵信尼の他にいま一人いらしたことになる。つまり二人説である。

b．妻三人説

この二人説に「いまごぜんの母」を加えれば三人説が成り立つ。しかしながら「いまごぜんの母」とは親鸞の侍女という説と、長女覚信尼その人であるとする説がある。いまごぜんという女の母親であり、一緒に関東に下ったそくしょう房の妻を「いまごぜん」とする説もある。「いまごぜん」の母を妻とする説は、そくしょう房を範意すなわち印信とする。この推論には無理があろうといわれている。

c．妻一人説

妻は「母のあま」（『消息』）に見えている恵信尼一人であって『恵信尼消息』が現存し、よく妻としての姿を窺わしめる。恵信尼以来の九条兼実の娘を加えたり善鸞の母を加えること、いまごぜんの母をあてることも疑問がある。

結果、一人説が妥当であろう。真摯な求道者親鸞聖人像に多妻、極端な女性好き、遊び人の姿は思い浮かばない。

では、その妻（正室）から見た親鸞聖人は、どのような魅力のある宗教者であろうか。

求道者親鸞は、叡山横川の堂僧であったが、建仁元（一二〇一）年、後世助かる道を求めて六角堂（聖徳太子創建の頂法寺）に百日参籠したところ、九十五日目の暁、聖徳太子の示現をあずかり法然上人を尋ね、よき師法然上人の念仏の教えによって真実に目覚め、弟子入りをした。「建仁辛酉（かのとのとり）の暦、雑行をすてて本願に帰す」（『教行信証』後序）とある。実は、この出来事が重要である。本願とは仏や菩薩が昔立てた、すべての人々を救おうとする願いである。阿弥陀仏が、一切衆生を救済しようと発した誓願（praṇidāna）である。

阿弥陀仏の本願を信じることだけが真実に救われる唯一の道であり、いかなる人でも救われる。その阿弥陀仏の本願力に帰依する。頼みたてまつる。心からのまこと、命をささげる。信じ、たよりとし、依りどころとし、絶対の信をささげる信仰心を獲得している。

二十九歳のとき、東山吉水の法然の念仏門に入り、専修念仏の人となった。よき師法然によって浄土信仰の眼が開かれたのである。

## 救世観音の夢告

聖徳太子の創建と伝える六角堂は、当時観音の霊験所として名高い京都市中京区の頂法寺である。『親鸞夢記』には、建仁三（一二〇三）年四月五日の夜の夢に、六角堂の救世観音が聖僧の姿をとって現れて、自ら念仏者の妻となり、臨終には極楽に導こうという意の誓いの偈をとなえ、この旨を一切の者に説くようにと示したとある。

この偈は、親鸞と恵信尼の夫婦生活の原点を示す「行者宿報の偈」である。観世音菩薩（あるいは聖徳太子）が自分が玉のごとき美しい女性となって妻となり、聖人の一生涯を荘厳し臨終に極楽に導こうという内容であり、親鸞は妻恵信尼を、観世音菩薩の生まれ変わりとして一生の間大切にしたといわれている。お互いに尊敬しあい支えあって生きる夫婦の原点がそこにはあろう。

親鸞聖人は、妻恵信尼公より観世音菩薩の生まれ変わりと崇敬されている。妻という重要な生涯の伴侶がお手紙（御消息）で聖人を貶したとしたら御開山として人々に崇敬されたであろうか。

子育てのみならず良妻賢母であった恵信尼公の内助の功は大きく評価されねばならぬであろう。

## 大乗菩薩道によるわれらの救済道

法然上人、親鸞聖人の浄土教理解には、日本仏教史上における大乗仏教思想の歴史的展開に基づく理解が必要であろう。

特に、浄土門の歴史的展開としての七高僧――インドの龍樹、天親（世親）、中国の曇鸞、道綽、善導、日本の源信、源空――の専ら念仏による成仏の道（念仏道）、人間の実存（実相）、人間そのものの真実の生き方を探訪する必要性があろう。一言でいえば、それは「大乗菩薩道」によるわれらの救済という視座である。従来、宗学的な見識による理解は「大乗の菩薩道によるわれらの救済道」が語られることが希であったが、法然上人や親鸞聖人の仏教が、日本仏教史における大乗仏教精神に基づく、その菩薩道によるわれら諸民の救済道である。この視座が重要である。当時の民衆である諸人の救済道、この視座より『恵信尼文書』の真意を理解する必要があるのではないか。法然上人、親鸞聖人は、大乗菩薩道の実践者であった。この視点が重要であり、今、この視座を改めて強調して論述を展開することとしよう。

菩薩の五十二位の四十段――信位（十信）、住位（十住）、行位（十行）、廻向位（十廻向）――の人は退転の菩薩である。不退転の菩薩は四十一段から五十一段の十地の菩薩であり、四十段までの内容を満たした人といえるであろう。

念仏の行者はみな等しく五十一段の等正覚に至るという。十信から十廻向までは凡夫で、初地以上から聖者の位に入る。菩薩道は、求道者の修行の段階を五十二位に分けた、大乗の仏にいたる五十二の位である。

この菩薩の階位について聖人は特に語ることはなかった。しかしながら比叡山で二十年間ご修行なさった親鸞聖人は、大乗菩薩道の階位について当然信知していたと思われる。

一、十信……初心の求道者の修すべき最初の十の段階であり、凡夫の初住、十信心である。⑴信を起こして成就を願う信心　⑵六念を修する念心　⑶精進して善業を修する精進心　⑷心を安住する定心　⑸一切の事象の空寂なることを了知する慧心　⑹自戒清浄なる戒心　⑺修するところの善心を菩提に廻向する廻向心　⑻己心を防護して修行する護法心　⑼身、財を惜しまず捨てる捨心　⑽種々の願いを修する願心

二、十住……大乗の菩薩修行者が実践すべき教え。十住の位は、心を真実の空理に安住す

るところである。

⑾発心住（ほっしんじゅう）……求道の念を起こすこと。仏道に入り悟りの智慧を得ようとする志を起こすこと。発菩提心の略。

⑿治地住（じちじゅう）……心をねり鍛える心地。

⒀修行住（しゅぎょうじゅう）……修行者の実践、精進努力。

⒁生貴住（しょうきじゅう）……十住の第四位。

⒂方便具足住（ほうべんぐそくじゅう）……他人を導くための方便の完成。具体的には社会的生活の完成とみなされる。

⒃正心住（しょうしんじゅう）……丁寧で礼儀正しい。心が静かに統一されて安らかになっている状態。心を集中することによって心が安定した状態に入る。三昧は心の働きの邪曲を正しくする。

⒄不退住（ふたいじゅう）……疲れていやにならぬ。もとへ退くことがない。再び退くことのない悟りの境界。

⒅童真住（どうしんじゅう）……童子の性は天真爛漫なので真という。一切婬事にふれざるを童真という。沙弥のこと。

(19)法王子住（ほうおうじじゅう）……次に法王（仏）の位にのぼる人であるからこう呼ばれる。文殊が、他の王子（菩薩）の最上首であるところからこのようにいう。童子の姿をしているので象徴的に法王（仏）の子であるといわれる。

(20)灌頂住（かんじょうじゅう）……頭に水をそそぎかけること。大乗の菩薩が、最終の地位（第十地）に入るとき、諸仏が智水をその頂にそそぎ、法王の職を受けることを証するという趣意。

三、十行……利他行を行ずる位

(21)法空に入って邪見に動かされない歓喜行 (22)常に衆生を導き益する饒益行 (23)常に忍んで人に逆らわない無違逆行 (24)大精進を行い一切衆生をしてニルヴァーナにいたらしめようという発心を抱いてたゆむことのない無屈撓行 (25)無知のために乱されない無癡乱行 (26)常に仏国土のなかに生を現す善現行 (27)空有の二見に執着しない無着行 (28)難得の善根の成就する難得行 (29)法を説いて人に授ける善法行 (30)中道の真実の理法を悟る真実行

四、十廻向……自分が修めた功徳を広く衆生にまわし向けること

五、十地……不退転の菩薩

(41)歓喜地……この地を得れば歓喜を得る。いまだ認識しなかったことをこの状態で認識するので大いに喜ぶ。生きる根拠をもち、安住の心ができ、大きな人間の喜びをもつことができた正定聚の位である。

(42)離垢地……この地に至れば、煩悩の垢を離れることができる。中道の理に住し、衆生界のけがれのなかに入ってしかもそれを離れる。

(43)発光地……智慧の光があらわになる。それはあらゆるものがみな尊い存在となり、美しい光を放つ境地である。真実の智慧の眼が開け、すべての利害損得の意識を離れ、一切の固定観念を去って、曇りもなく歪みもない我執の色眼鏡のとれた清らかな眼をもってこの世を見れば、あるがままの相にて、ものみな永遠の光に輝いている。

(44)焔慧地……信心の智慧は、我執の色眼鏡が破れて、もののあるがままが見える眼である。すべての煩悩の薪を焼き尽くす力のある、得るための助けとなる要素

の焔が生ずるので焔慧地という。精進、波羅蜜を成就して修惑を断絶し、智慧を盛んにする段階である。

(45)難勝地（なんしょうじ）……そこでは断じ難き無明に勝つ。

(46)現前地（げんぜんじ）……人生のあるがままにして永遠真実の世界が現れる。そこでは縁起の姿がまのあたりに現れる。

(47)遠行地（えんぎょうじ）……この地にいたった菩薩は遠く世間と二乗との有相の行を出て脱するがゆえに名づく。

(48)不動地（ふどうじ）……初地より三地までは、信智によって知られる世界であり、第四地より第七地までは、行智の境界であり、この第八地から第十地までは、証智の世界である。修行のまったく完成した状態であり、努力精進することなく自然に菩薩道が行われる。智慧は明らかとなり、徳は円かに身につき、自己の世界が確立して、何ものにも心が乱されない境地である。

(49)善慧地（ぜんえじ）……内なる一切の執着を離れて、外なる何ものにも束縛されない解脱の慧を開き、相手を教化するに無碍なる智を得る境地である。この地の菩薩は、自分のいった言葉が常に相手に通じ、相手を納得させ、どんな相手をも自在に教化できるようになるというのでこの地を説法自在という。菩薩はすべての点にわたって法を説くため、非のうちどころがなくなっているので善慧という。

(50)法雲地(ほううんじ)……法が身について智と徳が成就し雲のごとく一切において碍げなく自在を得たこと。説法が世界中に真理の雨を降らせる雲のごとくである。智慧の雲があまねく甘露の雨をそそぐ。

(51)等覚……正しい悟りに等しい悟りを得た位である。

(52)妙覚……迷いを滅し尽くし智慧がまどかに具った位である。

菩薩道は、求道者の実践道である。自利利他を具え悟りにいたる道である。求道者の実践する道、大乗仏教に難易二道（難行道と易行道）がある。

難行道は遠い陸路を行くように自分の修行によって究極の境地に到達する修行であり、行き難き道である。自らの能力に頼って悟りへの修行をする自力修行であり、陸路の歩行の苦しさに例える。

易行道は行きやすい道である。誰でも容易に行うことができる、ただひとえに仏を信ずる容易な修行である。他力によって浄土に往生しようとする念仏道は、易行易修であり、この道がおすすめであるという。

正定聚不退の位は、悟りまで退転なく進んでやまぬ菩薩に仲間入りすることである。仏道不退の菩薩の仲間に入り、決定的な人々、正しく定まっている人々である。

菩薩五十二位（五十二段階）のうち、第四十一位（歓喜地）以上が不退転の菩薩となり、法然、親鸞の仏教は易行道により不退転位に住することが求められている。

修行道には、漸教（ぜんきょう）と頓教（とんぎょう）の二教がある。漸教は、長期間の修行によって、段々と段階的に高次の宗教的立場に導く。漸進的に長い間の修行によって悟りを得る漸教に対し、頓教は次第を経ずにすみやかに悟りに到着する。一定の段階をふまず直接的・飛躍的に高い宗教的立場を説く。頓は速やかにを意味する。

釈尊が悟った直後の境地をじかに説き、端的に大乗の深い道理を説き、いっぺんに悟る。正定聚位に住するとは、この頓教のごとく、弥陀の本願力の招喚により飛躍的に不退転位に住する大乗至極の教えである。念仏者になる宗教的立場、教えともいえるであろう。

# 第二話

## 叡山浄土教について

日本浄土教はいかなる形態をとって発達したのであろうか。

法然、親鸞にいたるまでには、大きく、南都浄土教と叡山浄土教の二種類がある。

南都浄土教とは、南都を中心に発達した浄土教である。日本浄土教の起源は聖徳太子によって派遣された学問僧恵隠が帰朝（六三九年）、翌年五月、宮中に『無量寿経』を講じたことに始まる。聖徳太子の『維摩経義疏』に記載されている。

法隆寺に弥陀三尊像が現存することは、白鳳時代に弥陀信仰が行われたことを示している。

光明皇后の一周忌の斎会のため、法華寺に阿弥陀浄土院が建てられ、『称讃浄土経』を書写せしめ、国分寺に供養させたなど、わが国上代の浄土教は、中国や朝鮮の浄土教の影響を受けている。

南都浄土教は三論宗である。三論宗の開祖嘉祥大師吉蔵（五四九～六二三）には『無量寿経義疏』一巻、『観無量寿経義疏』一巻のごとき、浄土教に関する著作がある。浄土願生者である最初の学者は、智光（七〇九〜七八〇頃）とその友、禮光であった。平安中期より末期にかけて、隆海（八一五〜八八六）、永観（一〇三三〜一一一一）、覚樹（一〇八四〜一一三九）、珍海（一〇九二〜一一五二）などの願生者がいる。

永観は東大寺で具足戒を受けて、東大寺で三論・法相を学び、東大寺別当職（六十八歳）になった。『往生拾因』『阿弥陀経要記』『地想観文』『往生極楽讃』『念仏勧進縁記』などの著作がある。

珍海は文殊菩薩の生まれかわりといわれ、醍醐寺の定額僧となり、無量光院で『大日経義疏』三十講の講師をつとめた。著作には『因明四種相違私記』（三巻）『倶舎論明眼論鈔』（六巻）『菩提心集』（一巻）『三論名教』（二巻）『三論玄義文義要』（十巻）『決定往生集』（一巻）『浄土義私記』（二巻）がある。称名念仏が強く打ち出されている。

比叡山は、伝教大師最澄（七六七〜八二二）によって開創された。天台法華宗と呼んでいるように、法華経がその中心をなし、法華によって統合融会された仏教が叡山仏教である。鎌倉時代に及んで日蓮宗が生まれる。一つの思想信仰の流れとして弥陀信仰もあり鎌倉時代にいたり浄土宗が生まれる。叡山に発達した浄土教がその母胎となっている。

その叡山浄土教の発達史を見ると、四期に分けられる。

第一期　初期伝承時代（八〇五〜九三七）

伝教大師最澄の入唐求法によって、『摩訶止観』、四種三昧の移植にはじまり、慈覚大師圓仁（七九四〜八六四）による五台山念仏の伝承によって、叡山に常行堂が創建されて不断念仏が修せられた。平安初期の時代といえる。

第二期　念仏興行の時代（九三八〜一一七四）

空也（九〇三〜九七三）によって弥陀念仏が京都に弘通され、庶民の手に下されることになった。九三八年以後、良源にいたって弥陀念仏が勃興し、源信によって組織と体系が与えられた。平安中期より末期にかけての時代である。空也は空也念仏の祖である。京都の市井に立って念仏を唱え、天台止観の出家中心の観念念仏を、称名念仏として在家庶民の間に流布せしめた。

良源（九一二〜九八五）は天台僧である。承平五年、奈良興福寺の護摩会のとき、延暦寺を代表して奈良の義昭と論争して有名になった。良源のため、天慶八（九四五）年、右大臣藤原師輔が比叡山に法華三昧堂を建て、九六七年、堂行堂を横川にも建てている。後に飯高に妙香院をつくり、弥陀千体をまつった。五十二歳のとき、宮中で法華八講が行われ、法相宗の法蔵を論破、後に延暦寺座主となる。七十四歳で入寂、著作には『九品往生義私記』『指要記』『決疑集』『止観徴旨』などがある。

源信（九四二～一〇一七）は、叡山にて良源に師事し、叡山浄土教を大成した人である。『往生要集』『観心略要集』が中心的著作であるが、『往生要集』は壮年期（四十三～四歳）の作である。天台教義と弥陀思想を完全に調和せしめた。『往生要集』は厭離穢土欣求浄土の十門組織からなり、正修念仏の一門では、天親の五念仏によって往生の正業たる念仏行を説いている。

第三期　新宗派派生時代（一一七五～一三〇四）

法然上人が叡山を下り、洛東吉水に専修念仏の旗を掲げた安元元（一一七五）年以降、叡山に発達した浄土教が実践体系を確立、浄土宗として独立し、その後、親鸞、一遍（時宗を開立）のごとき、鎌倉時代における新宗派派生の時代が誕生した。

第四期　戒称双行時代（一三〇五～現代）

黒谷の興圓が圓頓戒の復興を誓った嘉元元（一三〇五）年以後、その流れをくむ真盛の戒称二門、さらに妙立、霊空の安楽律一派による即心念仏のごとき戒律と念仏とが双行せる時代である。（宮本正尊編『仏教の根本真理』一九五六年、三省堂、佐藤哲夫『叡山における浄土教の形態』一九五六年、三省堂、一〇五一～一〇七四頁、参照）

## 恵信尼公は日本女性の模範か

恵信尼公は、申し分のない坊守（僧侶の妻、お寺の奥さん）の模範と考えられている。文句のつけようのない立派な坊守（子細なき坊守）であり「一道場のあるじを坊守とまうすなり」（『親鸞聖人御因縁』）、つまり、坊守として親鸞聖人の念仏布教を助け、それに協力した内助の功、特に妻が家庭内にいて夫の働きを助けた僧侶のよき妻であったという位置づけである。

一一八二年生まれの九歳年下の妻、良妻賢母である恵信尼公である。当時の平均寿命は人生五十年、四十歳代での命終である。恵信尼公は八十七歳、親鸞聖人は九十歳でなくなっていて長寿のご生涯であった。

恵信尼公と親鸞聖人の間には七人の子供があったといわれている。四男三女である（『実悟系図』。子供六人説もある）。

# 恵信尼公の子供

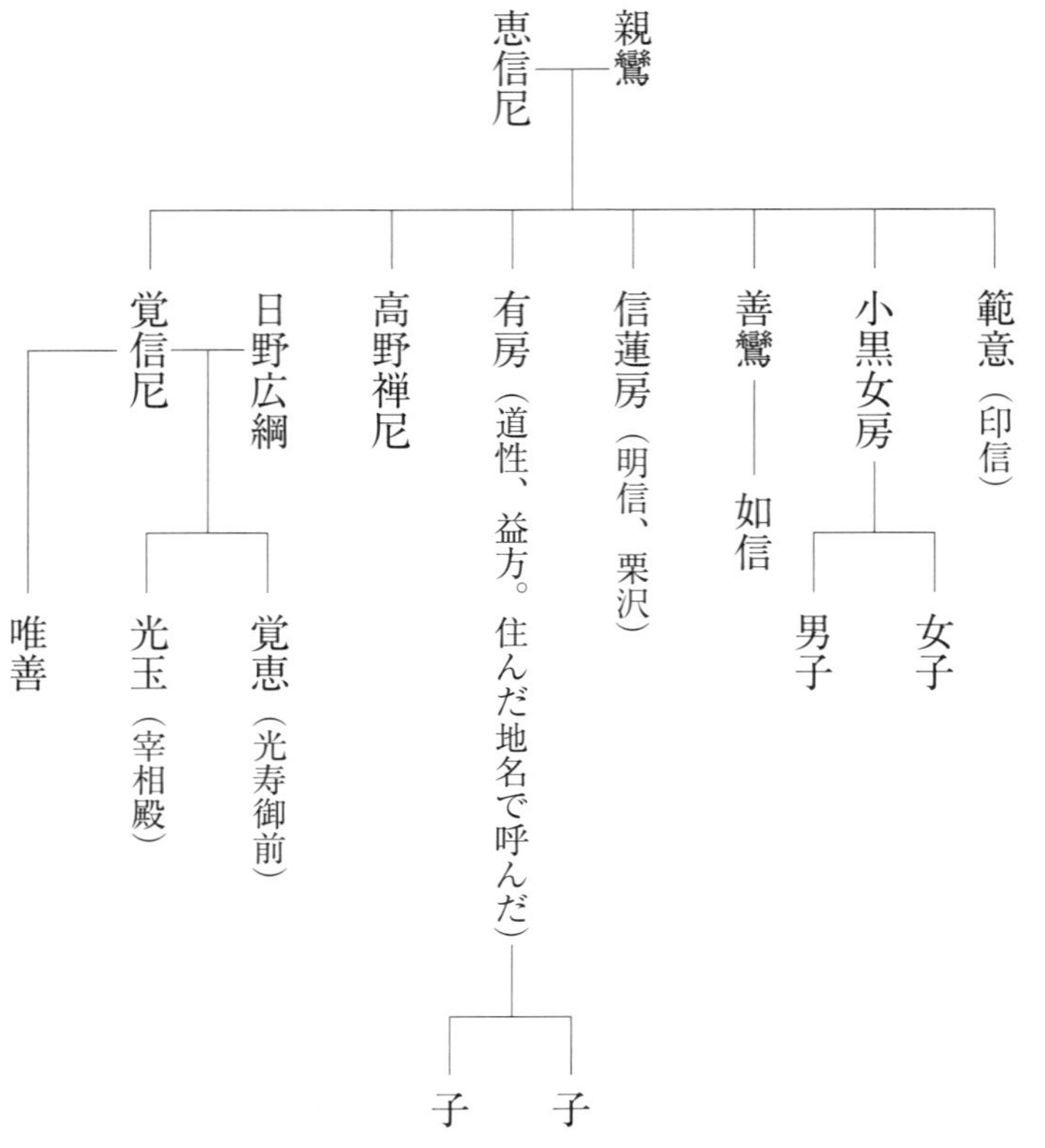

- 親鸞 ― 恵信尼
  - 範意（印信）
  - 小黒女房
    - 女子
    - 男子
  - 善鸞 ―― 如信
  - 信蓮房（明信、栗沢）
  - 有房（道性、益方。住んだ地名で呼んだ）
    - 子
    - 子
  - 高野禅尼
  - 日野広綱 ― 覚信尼 ― 唯善
    - 覚恵（光寿御前）
    - 光玉（宰相殿）

範意……建仁二（一二〇二）年～弘安六（一二八三）年。親鸞の第一子であるといわれる。印信ともいう。当時、浄土宗はまだないため、天台宗の僧であった。長男印信は早世されたようである。

小黒女房（おぐろにょぼう）……越後生まれ。東頸城郡安塚町（くびきぐんやすづかまち）小黒に在住していた。小黒の里へ嫁いでいたと思われる。

恵信尼公八十二歳の手紙に、「おやも候わぬ、おぐろの女ぼうの、おんなごおのこゞ、これに候へ」（恵信尼消息七）にあり、このときすでに死亡し、その子女は、恵信尼公のもとにいたことが知られる。

親鸞の帰洛後、恵信尼らとともに越後（新潟）に下向し、子女を残して没した。小黒に住む男性と一緒に暮らすようになって小黒女房と呼ばれたらしい。五十八歳くらいであったろう小黒女房は亡くなり、恵信尼公は「おやも候わぬ」その子供たちを引き取っていた。

善鸞（ぜんらん）（慈信房（じしんぼう））……生没年は不詳である。越後出身らしい。

没年には、？～弘安九（一二八六）年＝七十歳説、正応五（一二九二）年＝八十二歳説、建治三（一二七七）年＝七十一歳説がある。

親鸞の帰京後、関東の門弟中に、親鸞の教義の解釈をめぐって動揺があり、親鸞に代わって関東に赴いた。建長の初期、東国門侶の諍論が生じたためである。しかしながらかえって異義に傾き、正統の系譜にある親鸞が信頼する直弟子性信らを、幕府に訴えたのである。

実の息子である善鸞が中心となり異義を説いた。一二五六年、親鸞は書状により義絶した。その義絶状には、「慈信一人に夜、親鸞が教えた」と称し「第十八の本願をばしぼめるはなにたとえて」人々をまどわし、また、「ままははにいいまどわされたる」といったとある。

はじめ官内卿と号し、遁世して慈信房と称したと伝えられ、長く親鸞の膝下にあった。真宗山元派証誠寺、出雲寺派毫摂寺では、善鸞を二世とし、浄土真宗本願寺派西本願寺では、善鸞の子、如信を二世とする。善鸞は恵信尼との間の子であると考えられぬ。妻は一人でなければならぬ理由はまったくないとの説があるが、私は善鸞は親鸞の子であると考えている。

信蓮房明信（しんれんぼうみょうしん）……親鸞の三男か。承元五（一二一一）年生まれで、名は明信である。越後中頸城郡栗沢（新潟県中頸城郡板倉町）に住した。尼公三十歳の三月三日の午の刻に生まれた。『恵信尼文書』（弘長三年二月十日）に「しんれんぼうはひつじのとし三月三日のひるうまれて候しかば、ことしは五十三やらん」とある。承元五年三月三日の生まれ、母親の記憶である。越後流罪から四年後の建暦元（一二一一）年、息子信蓮房が誕生している。同じ手紙には、親鸞が三部経を千回読もうとした逸話が記されている。「三部経、げにげにしく千部読まんと候し事は、信蓮房の四つの年」。

信蓮房は五十八歳のとき、八十七歳の恵信尼は、「又、栗沢は何事やらん、のづみと申す山寺に不断念仏始め候はむずるに、何とやらんせんし申ことの候べきとかや、申げに候。五条殿の御ためにと申候めり」（『恵信尼文書』御消息十一）専修念仏の出家修行者ではなく親鸞の信仰と異なっていると、不断念仏を始めたことを咎められている。

有房（ありふさ）……日野有房は、法名道性である。四男であろうか。恵信尼には通常「益方（ますかた）」とよばれている。父親鸞の臨終の枕元に立ちあっていた。「同じ事ながら、益方（ますかた）も御臨終にあいまいらせて候ける、親子の契（ちぎり）と申しながら、深くこそおぼえ候へば、うれしく候〳〵」（『恵信尼文書』三）。

高野禅尼（たかののぜんに）……常陸の出生か。正喜元（一二五七）年〜弘安四（一二八八）年一月十日、親鸞聖人の実娘である。実悟著『日野一流系図』には聖人の第六子と記されている。関東瓜面（茨城県瓜連町）に住み、京都で没したとされる（『大谷嫡流実記』）。中頸城郡板倉村字高野に住んだといわれる。

覚信尼（かくしんに）……天仁元（一二二四）年～弘安六（一二八三）年。恵信尼公四十三歳の誕生、親鸞聖人の末子として生まれている。

上洛して、覚信尼は若いころ兵衛督局（ひょうえのかみのつぼね）と名乗り、貴族久我通光（こがみちみつ）の屋敷に仕えていた。通光は、後に太政大臣という最高の職に就任した高級貴族であった。

覚信尼は、日野広綱（ひろつな）と結婚し、覚恵（光春）と女の子一人の二子を産んだ。覚恵が七歳のとき、夫広綱と死別、小野宮禅念と再婚し、四十歳のとき、唯善を産んだ。禅念の私有地に、父親鸞聖人没後の廟堂を造った。さらに禅念から土地を譲り受け、これを廟地として門弟に寄進し、自ら廟堂の留守職となり、剃髪して覚信尼と称した。親鸞の木像が安置された。門弟たちに代わって廟堂を守っていたが、弘安六（一二八三）年十一月、咽喉の病気にかかり、後を覚恵に託し、その後間もなく没したといわれる。六十歳没。『恵信尼文書』に、王御前とあるのは覚信尼のことである。いわゆる本願寺の基礎を築かれた方である。

親鸞聖人は、弘長二（一二六二）年十一月二十八日、京都の押小路南・万里小路東の住

居で亡くなる。弟の尋有の屋敷であった。親鸞は火災に遭い、尋有の屋敷に世話になっていた。親鸞臨終の枕元には覚信尼をはじめ、息子の益方、弟の尋有、門弟の下野国高田の顕智や遠江国の専海が付き添っていた。葬儀は覚信尼が取り仕切り、火葬。収骨は十一月三十日。翌十二月一日、母の恵信尼に父親鸞の亡くなったことを知らせた。それが『恵信尼文書』なのである。

## 若き求道者親鸞

『恵信尼文書』の「比叡山で堂僧をつとめておいでになりました」との一節は、若き求道者親鸞の比叡山時代を示す唯一の史料である。叡山には横川の源信の流れをくむ「不断念仏衆」があった。その伝統を受けた常行堂の不断念仏衆が堂僧と呼ばれた。布施を受け取る順位は「導師→僧綱→凡僧→堂僧」である。親鸞聖人はあまり身分の高い僧侶ではなかった。

若き求道者親鸞が、なぜこのような低い身分であったのか。血縁を尊ぶ階級社会である。父母のいない若き日の親鸞にとって、下積みの時代である。比叡山の僧侶としての地位を捨てる理由として、叡山には求道者親鸞の求めた真理が見当たらなかった。そこで山を下りて六角堂に百日籠り、聖徳太子の示現にあずかり、あちこちをたずね、ついに法然上人にお会いになった。そして阿弥陀仏に帰依し、これを信ずる専修念仏の道「本願」に巡り合った（古田武彦『親鸞　人と思想』清水書院、一九七〇年、参照）。

では、恵信尼公と親鸞聖人がいつ結婚されたか。結婚の時期については諸説があり、越後御流罪承元元（一二〇七）年以降にご結婚なされたとする説と、それ以前の説がある。時期については不明な点も多いが、恵信尼は越後三善氏の娘であるため、聖人が越後配流になった際に、身の回りの世話をするために結婚なされたとするのが最近の説である。親鸞三十六歳、恵信尼二十九歳までには結婚していたと推測されている（松野純孝『親鸞　その行動と思想』評論社、一九七一年、一八四〜一八五頁）。

妻恵信尼は九歳年下である。二人の間には三男三女の、または四男三女の子女があったとされる。末娘覚信尼は恵信尼四十三歳（親鸞五十二歳）の子であろうか。四十三歳で恵信尼は子供を産み終えたのではないか。結婚後十五、六年間に六人または七人の子供を産んだのではなかろうか。

親鸞は、三十五歳の二月上旬、越後御流罪の身となっている。聖人が越後でともに暮らしていたことは『恵信尼文書』で確かめられる。

## 小黒女房と善鸞

　信蓮房は、越後御流罪中の四年間に恵信尼がお産みになった、と推測されており、承元五（一二一一）年三月三日に生まれた（『恵信尼文書』）。

　承久五年は、親鸞三十九歳、恵信尼三十歳である。親鸞の越後御流罪が許されたのは建歴元（一二一一）年十一月十七日である（『親鸞伝絵』）。

　この十一月には法然も許され、京都に帰り東山大谷に住していた（『教行信証』後序）。親鸞の心情は、早速京都に戻ろう、そして師法然上人におめにかかりたいと思ったに違いない。しかし、雪深き越後の豪雪が、幼子を抱えた二人の旅をはばんだ。そこで、雪解けを待ち旅立とうとする。二年間、越後に滞在、師法然上人が昨年一月二十五日、京都で亡くなられたことをお聞きになり、そして四十二歳のとき、越後から常陸（茨城県）へ旅立たれる。

　赦免後、三十九歳から四十二歳の二年をどのように過ごしていたのであろうか。親鸞は流罪が解け自由の身となった三十九歳の暮れごろから、僧侶として居所を転々と変え、伝道活動をしていたのではなかろうか。

親鸞聖人が関東からの帰郷する際の恵信尼の動向についても諸説ある。

一、京都へは同行せずに、越後に帰郷したとする説。

二、京都に同行して約二十年ともに暮らし、康元元（一二五六年）に親鸞の世話を末娘の覚信尼に任せて、越後に帰っていたとする説。

三、関東での拠点であった「稲田の草庵」に残り、そこで没したとする説（西念寺寺伝）。

当時文字も読めぬ一文不知の人たちが多い社会にあって、女性が自筆の手紙を書いているという点で、恵信尼公はかなり教養が深い女性であったことが推測される。

## 師法然の専修念仏の一行道

元久二（一二〇五）年四月十四日、親鸞は、師法然から『選択本願念仏集』の書写を許された。師法然は直筆で内題と「南無阿弥陀仏往生之業念仏為本」の標挙の文と「釈綽空」の名を書き添えた。

入門五年、三十三歳の親鸞は、高弟の一人として師法然に認められた。その聖教には「念仏は易き（やす）が故に一切に通ず。諸行は難きが故に諸機に通ぜず。しかれば一切衆生を平等に往生せしめんがために、難を捨て、易きを取りて本願をしたまう」と専修念仏念仏の一行の道が明示されてあった。

もし造像起塔などの作善をなすものが往生できるとすれば、貧しいゆえに作善を行えない人々は往生できないことになる。だが、富貴（ふうき）の者は少なく、貧しく賤しい者は多い世の中ではないか。弥陀は諸行や作善をもって往生の本願としたのではない。称名念仏をもってのみ往生の本願としたのである。

師法然の浄土教の特色には次の四つがある。

一、苦行主義との決別。現世の苦からの解脱、念仏道による救済論理の提言。

二、積善主義との決別。救済原理が諸人に開かれ、特別の修行や積善能力は要求されていない。布施・造塔・持戒などの世俗的価値による救済の否定であった。このことが、南都北嶺の仏教や経文の暗唱、読誦、折杖、書写・経の尊崇、つまり法華経の作善主義と対立することになった。

三、伝統的神仏崇拝との決別。病平癒や呪術的な祈願、現世安穏を神仏に祈ることを否定した。

四、念仏至上主義は革新的であった。現実社会の政治権力を否定し、伝統的宗教世界を否定。弥陀一仏信仰を求めている。

吉水教団が官権の圧迫を受けた原因には、次の三つがある。

一、真面目な復古学者が戒律振興のため、鋭い批判を加えた。

二、肉食妻帯に対して、聖道門の立場からの粛清があった。

三、吉水教団の繁栄を嫉視する僧徒の迫害。

承元元年、南都北嶺の訴えにより、吉水教団の解散命令が下り、念仏は停止された。松虫、鈴虫二官女の出家が動機である。四人の死罪、弟子七人の流罪、官権からは破戒僧、世間からは堕落僧と指弾された。

親鸞は、藤井善信という名の一人の人間として、僧にあらず俗にあらず、非僧非俗愚禿釈の鸞と称した。

自らの宗教的救済思想に危機感を持った。時の政治権力に結びついた強大な既成宗教勢力が、明白な抑圧の意志のもとで迫害行為、宗教的弾圧を行った。教法をひろめる際に受ける迫害は法難であり、法然はいわゆる三大法難を経験している。

# 三大法難

## (一) 元久の法難

専修念仏運動が盛んになって南都北嶺が無視できぬほどとなった。また、法然の念仏の教えが広まるにつれ、諸宗への誹謗や風紀の乱れなどが目立つようになり、次第に専修念仏に対する圧力が強くなってくる。元久元（一二〇四）年、比叡山三塔の大衆が大講堂に集まり、専修念仏の停止を天台座主真性に訴えた。十一月七日、天台の僧であった法然は、在京の門弟たちを集め、皆に自粛を求め、七ヶ条からなる制誡に法然以下百九十名の署名を行って、その厳守を神仏にかけて誓わせた。これを法蓮坊真空に筆写させ、誓状を真性に提出した。これが「七箇条起請文」である。

これによって比叡山の不満はとりあえず沈静化した。いわゆる元久の法難である。南都の衆徒はおさまらず、翌年十月、念仏禁断を訴え、解脱房貞慶が起草した「興福寺奏状」(九ヶ条）をもって後鳥羽上皇に訴えた。

第一、新宗を立つる失……既成の八宗は勅許を受けて開宗したが、勝手に浄土宗と号している。

第二、新像を図する失……念仏者のみを救い、その他の修行者は救われない「摂取不捨曼荼羅」を画いている。

第三、釈尊を軽んずる失……阿弥陀仏一仏を重視し、釈尊を軽視している。

第四、万善を妨ぐる失……経典の読誦などの行を捨て、造塔造仏などの功徳を侮蔑している。

第五、霊神に背く失……宋廟大社を憚らず、神も拝まない。

第六、浄土に暗き失……浄土教の先達は、諸行往生を許しているが、専修念仏者はこれを認めていない。

第七、念仏を誤る失……すぐれた観念・心念の念仏を否定し、劣った口称念仏のみをとっている。

第八、釈衆を損ずる失……賭博・女犯・肉食などの破戒をすすめている。

第九、国土を乱す失……国家の礎である王法と仏法の関係がこわれ、国内が乱れる恐れがある。

興福寺はこの奏状で、専修念仏の停止と法然以下の念仏者の処罰を要求した。朝廷は翌建永元（一二〇六）年、興福寺から名指しされた行空と遵西を処罰したが、興福寺の念仏停止運動はやまなかった。その後、法然とその弟子たちは配流されることとなるのである。

㈡　建永の法難

建永元年十二月、後鳥羽上皇が熊野参詣中に、上皇に仕える女房松虫、鈴虫の二人が、東谷鹿ケ谷の別時念仏の折に出家したことに端を発し、翌二年二月九日、弟子住蓮、安楽の二名は六条河原にて死罪処刑となった。法然は七十五歳にして、二月十八日、藤井元彦の還俗流罪名で四国遠流が決定され、二十七日院宣が下った。建暦元（一二一一）年十一月、ようやく入洛の宣旨が下り、東山大谷に住すが、翌年正月その生涯を閉じた。

㈢　嘉禄の法難

法然滅後も、念仏運動は拡大の一途をたどったため、建保五（一二一七）年以降、七年間に五度にわたって念仏禁止令が出された。法然滅後、十五年目に当たる嘉禄三（一二二七）年六月には、延暦寺衆徒による大谷の法然の墳墓の破却未遂事件が起こった。竝榎の堅者定照が、念仏が広まることを妬み、『弾選択』を著し、隆寛に送ったところ、隆寛は『顕選択』を著して論破した。定照はこれを憤って山門衆徒を扇動した。京都の守護平時氏は西仏を送り、この破却を未然に防いだ。遺骨の改葬は信空と良快によって計画され、宮都宮入道蓮生に守護されて嵯峨に安置され、次いで広隆寺円空のもとへ移された。同年七月、隆寛、空阿、幸西は、それぞれ陸奥、薩摩、壱岐へと配流され、直後、戒を守らぬ専修念仏の停止の宣旨が出された。

隆寛（りゅうかん）（久安四〈一一四八〉～安貞元〈一二二七〉年）は、法然の門下で多念義を唱えた、京都東山長楽寺に住む恵心流の流れを汲む天台浄土教家であった。隆寛は比叡山を下りてのち、東山長楽寺来迎房に住み、青蓮院の慈円に勤仕して、元久二（一二〇五）年、権律師に任ぜられるほどの叡山を代表する学僧であった。また歌人としても有名で、慈円と和歌の交流があったことは慈円の『拾玉集』に見ることができる。法然門下となったのちもしばらく青蓮院につとめていた。

隆寛が法然の門下になった年代は明らかではないが、早くから浄土教に傾倒して『阿弥陀経』を毎日四十八巻読誦しており、それは慈円の御前にてもそうした行人として許されていたという。そうしたあとに隆寛は法然に対面して後生（ごせ）のことを談じた。

あるとき、『阿弥陀経』のことを法然に尋ねると、法然は自分も昔は『阿弥陀経』を呉音・唐音・訓で三巻読んでいたが、今は『阿弥陀経』の読誦をやめて念仏だけであると述べたところ、隆寛も念仏だけを三万五千遍唱えるようになった。はじめのうちは両者ともうちとけなかったが、隆寛の志があまりにも深かったために、法然は慈円にも貴重されている隆寛であるのにと大いに驚き感嘆して懇ろに浄土の法門を授けた。隆寛の念仏は六万遍に増え、そうした交流は数十回にも及んだという。建久三（一一九二）年、叡山の各堂衆が退けられ衆徒によって安居が行われた際に衆議によって隆寛が唱導に迎えられた。法然の弟子ということで一部反対があったにもかかわらず、抜群の栄誉を得た。

法然より『選択集』を相伝され、隆寛は、尊性・昇蓮に助筆させて書写し終わって返書した。また元久三（一二〇六）年、法然手拓本の『天台法華宗宗学生式問答』を書写するなど法然の身近にあった。しかしながら、元久元年の「七箇条起請文」には署名しておらず、天台僧としての立場には変わりはなかった。

建暦二（一二一二）年に法然が入滅した後、三月一日の五七日忌（ごしちにちき）の導師をつとめたり、法性寺空阿弥陀仏が絵師藤原信実に描かせた法然像に自ら筆をとって賛文を書き、もとの法然の住房であった中ノ坊にかかげ、さらに法然の遺徳を讃えた『知恩院私記』を著すなど法然の遺徳をついだ。承久三（一二二一）年、但馬宮雅成親王の念仏義の質問に対し三ヶ条の返事を送るなど、多数の著作を著して専修念仏の宣揚につとめ、その指導者となった。

隆寛は、京都における専修念仏の指導者として活躍したが、嘉禄二（一二二六）年竝榎（なみえ）

の堅者定照が法然の『選択集』を論難するために著した『弾選択』に対し、『顕選択』を著してこれを破したことがもとで、翌安貞元年専修念仏の張本人として奥州流罪となった。配流が間近になったとき、隆寛は長楽寺で最後の別時として、七日間の如法念仏をつとめた際に、異香薫じて蓮華庭上に生ずるなど種々の奇瑞が現れたという。奥州配流の途中、護送役の森西阿（毛利季光）は深く隆寛に帰依し、彼の計らいで配地へは門弟の実成房を遣わし、自らは西阿の所領であった相模飯山（神奈川県厚木市）にとどまった。隆寛が配所へ向かう途中、相模四郎北条朝直禅勝房が隆寛に対面し、「武士の家業を捨てなくても生死を離れる道があるのでしょうか」と質問したところ、隆寛は「浄土門は極悪最下の機のための法門であり、有智無智・在家出家を問わない。阿弥陀の本願を信ずれば往生は疑いない」と説き、これを聞いた朝直はたちまち信心を起こし、毎日六万遍の念仏を唱えたと語られる。また、遠江国（静岡県）の国府では同門の禅勝房との再会を喜び、離別に涙し、配地におもむく際にも専修念仏の布教にあたった。

西阿の計らいによって飯山で布教につとめた隆寛であったが、病により安貞元（一二二七）年十二月十三日に端座合掌して高声念仏二百余遍、『往生礼讃』の「弥陀身色如金山」の文を唱え、八十歳で没した。

隆寛の著書には、『弥陀本願義』（四巻）『具三心義』（二巻）『散善義問答』（若干巻）『極楽浄土宗義』（二巻）『一念多念分別事』（一巻）『自力他力分別事』（一巻）などが現存する。（『法然辞典』東京堂出版、二九七、二九九頁を参照）

宗教弾圧は、今日では信教思想の自由が保証されているが、いじめ（bullying）やいびり（mobbing）、すなわち精神的虐待（moral harassment）や差別の類と考えられる。ハラスメントにはセクハラ（性的ハラスメント）、アカハラ（アカデミックハラスメント）、パワハラ（パワーハラスメント）などが知られている。今日では、加害者の攻撃性や支配欲、被害者の心的外傷（PTSD）が絡む問題であり、権力的支配構造という組織構成においてのみ発生する社会学的問題である。他人の権利侵害、人権侵害という法律学的問題であり、多面性が特徴である。

ハラスメントは、フランス語 harassment の動詞の harasser（悩ます、消耗させる）に由来しており、語源的には古フランス語の harace（この動詞の harer「犬をけしかける」）に由来する。現代フランス語では le harcélement「執拗な攻撃」がこれに該当する。性的なハラスメントとは「他の者を不快にさせる職場や職場外での性的な言動」であり、アカハラは「研究教育の場における権力を利用した嫌がらせ」である。ハラスメントは大人によるいじめであり、中世、鎌倉時代にも見られたといえる。

## 恵信尼文書

### 第一通

下人の譲状

先にお渡ししました下人譲渡(ゆずりわたし)の文書も焼失なされたそうでありますので、ここに改めて申し送ります。

そちらに参ることになっている者（譲ってあげることになっている下人）は、けさという名の女の童婢(しもべ)で年は三十六、またその娘でなてしという子は今年十六、また九つになった娘と、親子三人なのです。

それにけさの継母の連れ子と、その娘のいぬまさ今年十二と、また、ことりという女三十四と、あんとうしという男です。

さて、けさの今年三つになった男の子は、けさがよその下人と馴染(なじ)んで生んだ子ですので、世の慣習によって父親のもとに引き取らせました。

たいてい、よその下人に家内（うち）の下人どもが連れ添った場合は、せっかく増えた子供を余所へわたすことになりまして、ほんとうに面倒なことであります。

以上、合せて、女六人、男一人の七人です。

建長八年丙辰（ひのえたつ）の年、七月九日　（花押）

わかさ殿のお局よりお取り次ぎください。

ちくせん

## 中世の身分社会

恵信尼文書第一通の書かれた建長八年は、親鸞聖人八十四歳、恵信尼公七十五歳。末娘覚信尼（王御前）は三十三歳である。

わかさ殿は、王御前すなわち覚信尼の侍女であり、ちくぜんは恵信尼の俗名である。この文書（手紙）に宛名は書かれていないが、第一通、第二通には「わうごぜんへ」と宛名が書かれており、覚信尼宛の手紙であることがわかる。下人の譲渡状であると考えられる。

女六人、男一人、総計七人である。

一、袈裟　三十六歳（女）

二、袈裟の娘の撫子　十六歳（女）
三、袈裟の娘の犬王　九歳（女）
四、袈裟の継母の連れ子（政）（女）
五、政の娘の犬政　十二歳（女）
六、小鳥　三十四歳（女）
七、安藤次（男）

中世の身分社会における下人とは、隷属民の一身分であり百姓、領主支配下の平民身分の人たちである。

貞永一（一二三二）年、北条泰時が承久の乱後、当面する政治・法制の諸問題に対処するため、五十一ヶ条の法典を編纂、『御成敗式目』として室町時代まで武家の根本法とした。この『御成敗式目』では、百姓は、年貢所当の未納がなければ去留は自由であると規定されている。つまり百姓は、独立した人格を持ち、特定の領主に人身拘束されることはなかった。

下人は、いかなる身分・階級の人たちであったか。下人は特定の領主に拘束され、去留の自由はなく、売買・譲渡の対象であった。まったく財産を持たぬ身ひとつの者から、家族・財産を持つ者まで多様である。主人に朝夕召し使われる隷属民である。特定の主人に隷属し、雑役に召し使われ、相続・譲渡・売買の対象となり、人格は無視された存在であった。所従(しょじゅう)と併称され、相続・譲渡の対象であったが、所従のように土地を給付されることはなかった。

所従は、貴族、僧侶、武士、上層百姓の主人に隷属し、雑役に携わる者である。下人の実態は多様で、さまざまな階層、職能にわたっていた。

鎌倉幕府法では、下人を奴婢と表現し、所従と区別している。下人は、その主人を訴えることが禁じられていた。中世後期にいたると、次第に主家から離れ、独立する者も少なくなかった。身分は何らかの社会関係を基礎に成り立っている。

上下の序列は、家では家父長の地位が高く、家族に対して強力な権力をもち、下人(所従)などの隷属者を従えることも珍しくなかった。個人の自立と権利という建前で成立している近代社会と異なり、人々が生きていくための生活そのものが大変だった時代である。

たいていは、生まれたときから、各々の所属が運命づけられていた。貧しくも教育を受け、努力によって社会の上層部や指導者になれる今日と異なり、自由の民ではなく、人格的にも私人に隷属した、封建的隷属民であった。身分の貴賤により、髪型や衣装、人々の用語や身振り、動作も異なる。中世の身分は、実力や利権によって変わるものではなく、基本的にはその人の身体、人格そのものをさしていた。子供のときから育てた下人（所従）については、養育権という人格的支配、隷属関係が発生し、隷従に縛りつけておくことになる。個人は、自らの身分について的確な自覚を持つことが強く要求された社会であり、その下人についての譲状である。人格を認めず、人の身を商品と同一視して売買する、今日でいう人身売買社会であったのではないか。

恵信尼公は日記を几帳面に書き綴っていた。文字も読めず、字も書けぬ一文不知の人々の多い中世社会である。当時、女性で日記を綴っていた恵信尼は、教養のある女性であり、しかも下人を所有していたとなれば、貴族出身の娘、高貴な家系の人であったに違いない。

多分炊事洗濯はできない。雑木を割り、薪をつくり、かまどに鍋釜をかけ、その下で火を焚き、煮焚きをし、ご飯を炊く。釣瓶（つるべ）にて井戸の水を汲み上げ、お風呂を沸かす。あるいは川で洗濯をする。このような科学の恩恵なき中世の生活にあっては、生活周辺の日常茶飯事のことは下人の仕事であったであろう。

下人というものは一種の財産であり、下人が子供を産むと財産が増えることになる。下人の産んだ子は、男子は男親が引き取り、女子は女親の主人が引き取る。子供を父母に分与する習慣があったと見られる。

## 第二通

おうごぜんにお譲りしました下人どものことを記した証文を、火事にあって焼亡されてしまった由、おっしゃいましたから、先の便（びん）に託して申しおきましたけれども、ついたものか、確実ではないと思われ、この便は確実ですから、申し送ります。

お譲りしました下人は、けさという女、その娘でなでしという少女で年十六、その妹のいぬおうという少女で年九つ、それにまさという女、その娘いぬまさで年十二、その弟で年七つ、またことりという女と、あんとうじという男です。以上、合わせて、大人・子供、八人です。誰もとやかく言うはずがないのですけれども、卑しい者はおのずとそうなることもあり得ることですから、はっきりさせておくのです。

建長八年九月十五日　恵信（花押）

わうこせんへ

（追申）

またいずものことにつきましては、逃げた後はすっかり心を取り乱し、そのうえ子供も一人としてないばかりか、病気持ちでありまして、今日にも死ぬかもわからないものですけれども、このことは一昨年、お知らせして、衣服・食物など差し上げましたから、きっとご承知のことでしょう。お忘れにならないでください。かしこ。（花押）

このごろは、余り年をとってしまって、手もふるえて、花押などもきれいには書けません。だからといって、この書き付けをお疑いになってはいけません。（花押）

わかさ殿からお話になってください。

ちくぜん

第一通には、下人は女六人男一人総計七人とあったが、第二通には八人となっている。政の七人の男子が一人増えている。

最初の下人譲渡の文書を焼失したので、第二通の手紙を末娘覚信尼に出している。使役され売買される私有財産である下人八人について語る。

追申にて、逃亡して居所もわかっていない下人の出雲について、子供が一人としてないばかりか、病気がちで病弱である。

一昨年、この出雲の逃げた折、逃げたことをお知らせし、その代償(かわり)に財物をさしあげておきましたから、きっと覚えておいでになることでしょう。お忘れなさらないで下さい。あなかしこ。

今では年寄りになり、手もふるえ、花押(かきはん)などもきれいに書き得ません。この譲状にはまちがいはありませんから疑わしく思わないで下さい、と結んでいる。

わかさ殿は覚信尼の侍女である。この文は侍女に宛てて言上させる披露の書式であるが、追伸の前に「わうごぜん」と宛名があり、王御前すなわち覚信尼三十三歳に宛てたものであることがわかる。

末娘三十三歳の覚信尼と同居する八十四歳の親鸞聖人のもとに七十五歳の恵信尼から届いたお手紙であり、それは建長八(一二五六)年のことであった。

親鸞聖人の救済の論理は、衆生諸人の機根(素質)の善悪を問わず、無差別平等に一切の者を救おうとする。阿弥陀仏の本願、遍照の光明は、差別と偏見のない平等心、慈悲心である。

無学文盲の一文不知の人、罪深い暮らしの庶民、凡夫底下のつみびと、女人往生を対象とした救済観である。親鸞の念仏論は、諸人が念仏一つで救済されると説く。しかしながら、親鸞は、身分社会の改革者ではなく、真摯な宗教者であったのではなかったか。

王法為本。王法は、国王・為政者の権力体系に基づく行政機構を指し、またその社会体制をいうが、念仏者は社会生活において国法を守ることを本務と心得よと、差別社会の構造の中にあって、反権力的改革闘争はせず、平等観を心に持ちつつも、現実の差別社会をそのまま生きたといえるのではなかろうか。

南北戦争の歴史をもつアメリカは、一八六〇年、共和党のリンカーンが大統領選に当選する。戦乱、内乱は五年に渡ったが、北部の勝利となり、合衆国の統一が維持され、奴隷解放も達成されることになる。長いこと黒人差別が行われた。黒人の大統領オバマ政権も誕生し、今日は、平等な、片寄りや差別がない、すべての者が等しく扱われる社会が国民に支持されている。

人権、信条、性別、社会的身分などにより差別されない平等な権利が、今日では、我が国においても日本国憲法第十四条で保障され、人権や平等は重要なテーマにもなっている。

差別社会中世では下人が存在し、それは物扱いとしての人間存在であった。

二十世紀、特に第二次大戦後、世界的に実存主義（existentialism. フランス語）が広がった。

物でない人間の現実存在（existence）、主体的な存在、個的実存をテーマとして、ヤスパース、マルセル、レヴィナスなどの実存哲学が登場する。サルトル、カミュ、ムージルらは、実存を文学・芸術によってとらえようとする。

一七八九年八月、フランス革命当初、ラ・ファイエットらの動機に基づき、憲法制定議会によって、人権宣言（Déclaration des droits del'hommeet du citoyen. フランス語）が採択されている。前文および十七条から成り、「主権在民」「法の下の平等」「所有権の不可侵」などを宣言。

一九四八年、国連総会で世界人権宣言が採択された。前文と本文三十ヶ条から成る。法的拘束力はないが、国際的にすべての人およびすべての国が尊重しなければならない「人権」の共通の基準を示したものとして重要な意味をもつ。

私たちは人権擁護とともに、基本的人権という言葉や思想をよく知るところであるが、それは、人間が人間として固有の権利である。この権利は、国家以前に存在し、近代の自然法論によれば、国家によって人為的に与えられたものではない。したがって国家はこれを侵害し得ない。

人権の一つである生存権は、社会の各員が人間らしい生存を全うする権利を日本国憲法

第二十五条は確認している。

皆が幸せでありたいと願うであろう。その人間の幸福を追求する権利である幸福追求権（日本国憲法第十三条）もある。

釈尊（BC五六〇～四八〇年。一般説）の時代、インドには、カースト制度、血統（sasta. ポルトガル語）から成る社会集団が存在した。各集団間は通婚・結婚・食事などに関して厳しい規制があった。インドの種姓制は色（varṇa）によって、バラモン（祭官僧侶）、クシャトリヤ（王族武士階級）、ヴァイシャ（平民）、シュードラ（隷属民）と世襲的カースト四種姓が現実生活にあった。シュードラ（śūdra）は、最下位に置かれた隷属民である。その義務は、上位の三ヴァルナに奉仕することと『ヒンドゥ法典』にあり、農民や牧畜民などが含まれていた。最下層身分の不可触民（untouchable）は、けがれたものという差別を受け、枠外におかれた。

釈尊は四姓平等を説き実践した。人間は生まれ（jāti）によって、身分や階級、人物評価が決定するのではなく、行いによって評価さるべきであると、サンガ入門者は皆平等に扱った。しかし根強い世襲制、職業集団カースト制は改革されず、十三世紀にはインド仏教は滅亡した。その後ガンディーは、カースト差別撤廃を目指し、ハリジャン（神の子）と名づけている。

『恵信尼文書』に見られるわが国中世悲話は、下民（かみん）は、社会構造の中、今日から見れば差別をうけていた下々の民、人民（にんみん）といえるのではなかろうか。

親鸞聖人の「いや女譲状」（ゆずりわたすいや女事）という書状があるとされる。

みのかはりをとらせて、せうあみだ仏のめしつかふ女なり、しかるをせうあみだ仏、ひんがしの女房にゆづりわたすものなり、さまたげをなすべき人なし、ゆめ〳〵わづらひあるべからず、のちのためにゆづりぶみをたてまつるなり、あなかしこ〳〵。

寛元元年癸卯十二月廿一日

この文は、賃金を払って昭阿弥陀仏が召し使っていたいや女を、東の女房に譲りわたすというもののようであるが、いや女が諸家を転々していたことを推測できる。その内容からすると、昭阿弥陀仏の召使を東の女房に譲りわたすのである。女房に対する昭阿弥陀仏からの譲状であり、花押を書いた親鸞の譲状における位置は、保証人のようなものであろうか。

いや女については、

一、親鸞の子、覚信尼とする説

二、覚信尼とは別人で、覚信尼の下人であるとする説

三、譲状は親鸞の筆ではないという説がある。

以上の諸説にあって、いや女は覚信尼ではなく、覚信尼はいや女のことを頼まれた王御前その人であるから、いや女を、親鸞の下人でもあったとする説も考えられよう（石田瑞磨『親鸞とその妻の手紙』春秋社、二七九〜二八〇頁参照）。

親鸞聖人が、いや女という下人の存在を認め、女譲状の保証人として花押を書いたとすると、差別社会を憐み、女人成仏や差別を受けていた人々の、人間としての道に平等性や救済を説いていた親鸞聖人は、どこまでも被差別者に思いやりや、やさしさを示した宗教者である。社会構造を変革しようと、中世鎌倉時代この時期に改革を試みた者と考え扱うのには難があろう。

日蓮と違い、流れに逆らわぬ親鸞聖人の人柄、性格もあって、人間平等の釈尊の心に共鳴し、改革を念じつつも、社会構造改革を特に行わず、中世の社会の中での人々と同じ流れに乗じた生活者であったと見るのが自然ではないか。

としても、親鸞の思想は、世の底辺の人々の念仏による救済をテーマに論述を展開していることは間違いのないことであり、その救済思想は、心の依りどころになったに違いは

ないであろう。

## 第三通

『恵信尼文書』三（宗門では『恵信尼消息』という）は、弘長二（一二六二）年十二月一日付、妻恵信尼から末娘覚信尼へのお手紙である。この年十一月二十八日に、親鸞は、九十歳をもって弟の尋有の善法院で入滅している。翌二十九日聖人のご遺体は、東山鳥辺野で荼毘にふされたが、その翌々日、覚信尼はこの状況を母恵信尼公に伝えるお手紙を書いた。今日と違い手紙は十二月二十日すぎに恵信尼のもとに届いたが、恵信尼はその返事を翌年になって書いている。それがいわゆる『恵信尼文書』である。

去年の十二月一日のお手紙を、同じ月の二十日すぎに、確かに拝見いたしました。なににもまして殿のご往生、当然のことで、こと新しく申す必要もありません。

比叡の山を出て、六角堂に百日お籠りになり、後世のことをお祈りになったところ、九十五日目の明け方、聖徳太子のお言葉を唱えることによって、観世音菩薩が聖徳太子のお姿を現わされ、お告げ（ご示現）を蒙りになったので、そのままその明け方、堂を出られて後世の助かる縁に遇いたいものと、人を尋ね歩いたすえ、法然上人にお遇いになって、それからあたかもまた六角堂に百日の間お籠りになったかのように、ふたたび百日の間、降るときも、照るときも、どんなに大変な支障があるときも、法然上人のもとへお訪ねしていましたから、上人がただ後世の助かることは、善人であろうと悪人であろうと差別なく、同じように生死の迷いを出ることのできる道を、ただ一筋にお説きになったのを承り、これこそと心を決めてしまいましたので、「上人のおいでになるようなところには、人がどのように申しても、たとえ悪道に堕ちてゆかれるにちがいない、と申しても、お伴をしよう。これまで世々生々迷っていたからこそ、こうして生きてきたのだろう、と思っているこの身でありますから」と、さまざまに人が申しましたときも、殿はおっしゃったのです。

さて、常陸国、下妻というところの、境の郷というところにおりましたとき、夢を見ました。それはお堂の落慶供養のようで、東向きにお堂が建っており、初日の宵のお祝らしく、お堂の前には松明が白く輝いていました。その松明の西のお堂の前に、鳥居のようなものがあり、その横に渡したものに、仏さまの絵像がかけてありました。一体は仏のお顔ではなく、ただ光のまん中が仏の頭光（ずこう）のようで、はっきりしたお姿はお見えにならず、ただ光ばかりでおいでになります。もう一体は、はっきりした仏のご尊顔でおいでになるので、「これはなんという仏でおいでになりますか」、と申しますと、答える人はどなたともわかりませんが、「あの光ばかりでおいでになるのは、あれこそ法然上人でおいでです。勢至菩薩でいらっしゃいますよ」と申されました。「さてまたもう一体は」と申しますと、「あれは観音菩薩でおいでになりますよ。あれこそ善信の御房（親鸞）ですよ」と申されるのに気づいて目がさめたのです。それこそは夢であったのだと思ったことでした。

しかしこのような夢のことは、人にはいうものではないと聞いていましたし、その上、私がそのようなことを申すとしても、本当とは人も思わないに違いないのですから、全く人にもいわないで、法然上人のことだけを殿に申しましたところ、「夢には種類がたくさんあるが、これこそは正夢である。上人のことをあちこちで勢至菩薩の化身と夢に見た人が数多くあるといわれるうえに、勢至菩薩は限りない智慧のもっともすぐれた菩薩で、すべて光でもおいでになる」と申されたことでした。殿を観音と見たことは申しませんでしたが、心の中でだけはそれ以降は、決して普通の方とお思いすることはありませんでした。あなたもこのようにお心得になってください。
そんなわけで、ご臨終はどのようなご様子でありましても、ご往生に疑いをおかけしたことがないばかりでなく、世間普通のことではありますが、益方も殿のご臨終にお遇いしたことは、親子のちぎりとは申しますものの、深く心にとめてとても忘れられません。……

（追伸）

この文書、殿が比叡の山で堂僧を勤めておられましたが、山を出て、六角堂に百日お籠りになって、後世のことをお祈り申されました九十五日目の明け方に、救世観音菩薩が姿を現わされてお授けくださったお言葉です。ご覧になっていただこうと書き記して差し上げます。（石田瑞磨『親鸞とその妻の手紙』春秋社、二二三〜二二八頁参照）

この『恵信尼文書』三を読んで宗教的感性の世界、信仰を見ることができるであろう。殿（親鸞聖人）の臨終、ご往生に際して、母恵信尼が娘覚信尼に、親鸞聖人を観音の化身と信じ、決して普通の人ではない。あなたもこのようにお心得になってくださいと諭すこの親子の信条、ここに覚信尼の親鸞廟堂、墓守としての菩提心もついてくるのであろう。母親が娘に伝える信仰、大切な遺言である。

## 親鸞聖人の往生——平生業成の心

このお手紙で恵信尼公は夫の親鸞のことを「殿」と呼び「殿のご往生は当然のこと」と語る。いわゆるその「往生観」であるが、念仏修行者の臨終の際は、阿弥陀三尊が二十五人の菩薩とともに白馬に乗り、その死者を迎えに出かけて来て極楽にお迎えになる。この来迎思想がよく知られ一般的である。

親鸞の思想は、臨終来迎を必要とせず、平生業成であるといわれる。平常(普段、日頃、平生)のときに浄土に生まれる業(後に結果をもたらす行為)が成立し終わっている。浄土に往生し得るための因(結果を引き起こす内的原因)は、平等の生活のうちに定まっている。平生の生活において阿弥陀仏の誓いを信ずることによってすでに救いが約束されている。臨終を待たず平生に帰命の一念信仰心が決まったところに「即得往生　住不退転位」に住する。つまり一念の信心を起こした者は、その信の一念に、即、時処を選ばず、阿弥陀如来の名号を聞き、すぐさま往生できる身と定まり、現生(現在のこの世、今生きている一生)において正定聚不退転の位に住すると語る。

阿弥陀仏に救われて正しく仏になると定まった人々は「不退転の位」につく。いったん達した位から後戻りをせぬ。生きている現在のこの人生にて正定聚不退に住して、往生の素懐を遂げるというのが親鸞聖人の往生観である。

聖人は晩年『末灯鈔』にて、このまま煩悩のまま救われるという自然法爾（じねんほうに）という思想を示した。自然（じねん）とは、そのものとして自らそうなっていること。法爾（ほうに）とは、真理そのものが、その如くあることを意味する。人為的な力を加えることなく、おのずからのそのままの生き様、老病死を悟り、自力のはからいを捨てて、仏の手にすべてをまかせきる宗教的境遇が自然法爾である。その往生観に基づき自然法爾の往生を遂げられた。

平生から自然法爾を心得、平生業成の人生航路を生きられた親鸞聖人。殿の往生は当然のことでむしろこと新しく申す必要はないという恵信尼公の言葉の意味はそのことを語っている。

## 六角堂に於ける夢のお告げについて

六角堂に百日籠って九十五日目の明け方、観世音菩薩がお姿を表されて、その夢のお告げを蒙りになった。この観世音菩薩は、みずから念仏者の妻となり臨終には極楽に導こうと善信に告命する。いわゆる『親鸞夢記』、その語らいである。

建仁三年四月五日の夜の夢に、六角堂の救世観音が聖僧の姿をとって現れて、みずから念仏者の妻となり、臨終には極楽に導こう、という意の誓いの偈をとなえ、この旨を一切のものに説くように、と示した、とするものである。

『親鸞伝絵』巻上に、

かの記（『親鸞夢記』のこと）に云く、六角堂の救世菩薩、顔容端厳の聖僧の姿を示現して白衲の袈裟を著服せしめ、広大の白蓮華に端坐して善信に告命してのたまはく、行者宿報設女犯、我成玉女身被犯、一生之間能荘厳、臨終引導生極楽文といへり。救世菩薩、善信にのたまわく、これはこれわが誓願なり、善信この誓願の趣旨を宣説して一切群生にきかしむべし、と云々

法然上人は勢至菩薩、親鸞聖人は観世音菩薩の化身であるとされる問題、論点である。大勢至菩薩とは、智慧の光によって一切を照らし、そのすべてを悪道より離れさせる偉大な勢力をもった菩薩の意である。阿弥陀仏の脇侍として智慧をつかさどるが、法然は智慧第一といわれた人で、彼を勢至の化身と見る崇敬の念は早くから行われた。親鸞も『高

僧和讃』に、

源空勢至と示現し
あるいは弥陀と顕現す
上皇群臣尊敬し
京夷庶民欽仰す

と讃えている。私たちのよく知る観音様は世音（世の人々の音声）を観じて苦悩を解脱せしめる観世音菩薩のことである。世間の衆生が救いを求めるのを聞くと直ちに救済する観世音（Avalokiteśvara）である。

旧訳では、光世音、観世音、観音といい、新訳では観自在、救世菩薩、別名施無畏者蓮華手菩薩といわれ、観自在は一切諸法の観察（諸々の存在を見ることが自由自在）と同様に衆生の救済も自在、救いを求める者の姿に応じて大慈悲を行じ千変万化の相をとる。救いを求めている人々を、大慈大悲でもって直ちに救済するという。その菩薩（bodhi-sattva、菩提薩埵の略）とは、悟りを求めて修行し衆生済度の誓願を実践する者、仏に次ぐ聖者である。自ら悟り（自利）、他を救済する（利他）。そのための修行を実践して悟りにいたるのが菩薩である。大乗の菩薩（修行者）、道の実践者と位置づけられ自分一人の悟りのためでなく、自利よりも広く多くの人々を救済するための利他行を実践し、仏になることを主張する。

観世音菩薩は勢至菩薩とともに、阿弥陀仏の脇仏（脇士、脇に立つ士、脇立ち）である。仏の両脇に立つ菩薩として、常に仏に随侍し、仏を助けて衆生を導く大士である。釈迦如来の脇士は文殊・普賢菩薩である。薬師如来には日光菩薩が脇立ちとしている。阿弥陀如来は、観音・勢至菩薩が脇仏として両脇にいらっしゃる。

勢至菩薩は、大勢至、得大勢菩薩（偉大な力を得た人）であり、観世音の大悲を得て、衆生に菩提心の種子を与える。右手に蓮華を持つか、合掌をしている。

親鸞聖人は、正定聚不退転の「菩薩」になることがいかに重要かをさとす。大乗仏教者であれば誰もが目標とすべき位が不退転位であり、ここを明らかにせねば大乗仏教の心は理解できない。この位に住すれば、道心が定まる。菩提心の長き継続にいたるとする。

「信心の定まらぬ人は正定聚に住したまわずして、うかれたまいたる人はなり」（『親鸞聖人御消息』一六）

「退転位の菩薩」は正定聚に住してはいない。智慧によって不退転に住し、成仏への真の行業を始める必要性があるとする。

凡夫は、仏教の教えを知らぬ人、愚かで無知なありふれた一般の迷える人々である。生きている価値を見出せず、見出そうともせぬ人たちであろう。道を求めながら、まだ暗中模索状態で、不定聚、邪定聚の人であるから、きっかけによって一気に沈む可能性がある。不定聚、邪定聚の人の座は華びらが閉じている。不退転の菩薩の座は、華びらが開き浄土を見る智慧が廻向されている。

不退転の菩薩と退転の菩薩の違いは、前者は三宝（仏・法・僧）に帰依し、香華、飲食などをお供えし、誉めたたえ敬い、教えにしたがって修行する。専ら阿弥陀仏を誉めたたえお供物を献げる恭敬供養（敬って供養する尊敬して行う）、讃歎供養（仏・菩薩の徳を誉めたたえる）、礼拝供養（尊敬しうやうやしく合掌して拝む）、仏を礼拝する。この宗教的精神的態度が不退位の菩薩には見られるが、後者の退転位の菩薩には見ることができない。尊さに目覚めていないので諸仏の供養ができない。

阿弥陀仏四十八願のうちに第二十三願「供養諸仏の願」があるが、この願いにおいては、浄土の菩薩が仏の神力を受けて自由に諸仏を供養し得るようにと誓われている。この願いを信知し実践するのが不退転の菩薩たちであろう。不退転位の菩薩と退転位の菩薩の現実存在・境遇には、念願成就道にあっても大きな違いがあろう。

## 第四通

この聖徳太子のお言葉を書き記してさしあげますのも、殿が存命でおられたころは、申す必要もないので申しませんでしたけれども、亡くなられた今は「このような人でいらっしゃった」と、お心のうちだけでも、お思いになっていただきたいと考えて、書き記してさしあげるのです。筆の上手な人に奇麗に書かせて、とっておいて下さい。

またあの御影（肖像）をどれでも、一幅、欲しゅうございます。

あなたがまだ幼い、八つであられた年の四月十四日よりひどい風邪をひいておられたときのことなどを書き記しました。

わたくしは今年は八十二になりました。一昨年の十一月より去年の五月までは、今か、今日死ぬかと、死の時日を待ちましたけれど、今日までは死なないでいます。けれども今年の飢饉には、あるは飢え死にすることであろうと思われます。このような便につけても、何一つさしあげないことを、本当に心元なく思いますけれども、どうにもならず、その力もありません。

益方殿にも、この手紙の内容を、わたしと同じ心で、お伝えください。もの書くこともものういので、別に益方殿には申しません。

二月十日

親鸞聖人と生涯をともにし、聖人入滅の知らせを得、亡くなられた今、「このような人でいらっしゃった」と親鸞聖人のことを心のうちだけでもお思いになっていただきたいと書き記してさしあげるので、筆の上手な人に奇麗に書かせ、お持ちになりなさいと、末娘覚信尼に語る。

「このような人でいらっしゃった」とは、第三通に語られるご生涯であるが、観音の化身として衆生の教化救済を念ずる念仏者である親鸞聖人。師法然上人に巡り合い、生死出づべき道を唯一筋に仰せられ、生きられた身であり、観音様の化身として神通で現れ出で、衆生済度のために形を変えて人間としてこの世に現れ出たその人であると語りかける。

越後の国府に幾多の子女を擁し、下人をも世話して生活をなされた恵信尼公が、いかに親鸞聖人の信仰に同心され、聖人を深く崇敬なさっていたか伺い知ることができる。

あのご肖像が一幅ほしいと思っている。生前のご肖像には鏡御影(かがみのみえい)（国宝）と安城の御影(みえい)が存在するが、安城の御影は建長七（一二五五）年、法眼朝円が描いた親鸞聖人八十三歳の像である。

あなたが八歳とは、寛喜三（一二三一）年のことである。親鸞聖人は五十九歳、恵信尼公は五十歳、聖人がひどい風邪をひいていらっしゃったときのことは『恵信尼文書』第五通にも見られる。この手紙第四通は、八十二歳の筆である。

老衰し、いつ病死するかも知れぬ重病であった恵信尼公の心境が語られるが、おそらく入滅は文永五（一二六八）年の暮れか六年ごろであると考えられる。

晩年は飢饉に遭って生活の糧が不足し、何一つ差し上げられない。その力がないとの弘長三（一二六三）年二月十日のお手紙である。弘長三（一二六三）年癸亥との別筆は覚如の筆である。

長期間降雨がなく、日照りが続き、水が枯れる乾梅雨（からつゆ）は、農作物の成長に重大な影響を及ぼす。史実、江戸時代の三大飢饉（享保・天明・天保）は、歴史上最も有名である。

農村の窮乏は娘の身売りなどの社会問題となったが、戦後、農業技術の進歩や品種改良などにより、飢饉に見舞われることは皆無になった。飢饉は生存を脅かす大問題である。

在京の娘、覚信尼に宛てた恵信尼（一一八二～一二六八？）の手紙「越後の御文」は、その危機的生活、生存状態を語る。

## 飢饉

いつの時代にあっても生きとし生ける命あるものは、食物や飲物がないと生存できない。飢え、渇きといったひもじい生活、腹がすいて食物が欲しい。しかし農作物が実らず、食物が欠乏し、飢え苦しむ。食物以外の物質も著しく欠乏する、いわゆる飢饉は、自然災害によることが多い。霖雨・冷害・大地震・火山噴火・大風・旱魃・落雷・虫害など、農業を中心に生活する人々にとって、天災は多くの被害をもたらす。

養和元（一一八二）年から養和二年にかけて、全国的に日照りが続き、旱魃による餓死者は四万人ともいわれる。飢饉がひどく、食料不足の年が明けたのは養和三年であった。

鎌倉時代、寛喜年間の飢饉もあった。飢渇に瀕せる者は、妻子、僕婢を売り、あるいは身を富豪に托して急をしのぐ。幕府も事情やむを得ずと人身売買を許した。

弘長三年二月十日のこの『恵信尼文書』に見られる越後の飢饉は、寛喜の飢饉があってその三十年後のことである。豊作を願えども、稲の発育は成長期に冷雨が降り、冷気となると冷害の被害を受ける。霖雨や台風で河川が氾濫し、河川の多い日本は洪水による被害も多かった。

## 第五通

善信のご房（ぼう）（親鸞）は、寛喜三年四月十四日、昼過ぎごろから、風邪心地を少しおぼえて、その夕方床に臥して、容易ならぬ状態になっておいでですのに、腰や膝をもませるわけでもなく、まったく、看病人も寄せつけず、ただ音も立てないで、ただじっと静かに臥しておいでになるので、お体にふれ見ますと、火のように熱いのです。こめかみのあたりがひどく脈うっていました。さて、臥して四日目の明け方、苦しいなかにも、「これまでだ」とおっしゃるので、「なにかありましたか。うわごとに申されたことですか」と申しますと、「うわごとではない。臥して二日目より、『大経』を休むひまなく読んでいる。たまたま目を閉じると、お経の文字が、一字も残らず、はっきりそっくりそのまま見えてくる。さて、これはおかしなことだ。念仏の信心よりほかに心に懸かることは何もない筈なのに、と考えてよくよく思案してみると、この十七、八年ばかり前に、もっともらしく『三部経』を千部読んで、衆生利益のため（世のひとの救いのため）にと、読み始めていたのを、これはなにごとぞ、〈自信教人信、難中転更難〉といって、みずから信じ、ひとを教えて信じさせることが、本当に仏のご恩におこたえするものであると信じながら、仏のみ名のほかに、何の不足があって一途に経を読もうとするのか、と思い返して、読まなかったけれども、かえってそのために、なおも少し読もうという気持ちの残りがあったのか。人間の執心、自力の信にはよくよく気をつけなければならない、と心に決めてから後は、経を読むこともなくなった。こうして、臥せって四日目の明け方、『これまでであろう』と申したのだ」とおっしゃって、やがて汗も充分出つくして、よくおなりになったのです。

『三部経』をもっともらしく千部読もうとなさったのは、信蓮房が四つの年で、武蔵国でしたか、上野国でしたかはっきりしませんが、佐貫というところで読み始めて、四、五日ばかりたって、思い返して、お読みにならないで、常陸にお行きになったのです。

信蓮房は未の年、三月三日の昼に生まれたのですから、今年は五十三だろうか、と記憶します。

弘長三年二月十日

恵信

恵信尼公八十二歳、第四通と同じ日に書かれたお手紙である。手がふるえてか、文字がうまく書けないので、書の上手な人に書かせてとっておいてください。ものを書くのも大儀と老境を語る。

上野国・佐貫での滞在中の注目すべき情景である。

ひとつは信蓮房が四歳のとき、建保二（一二一四）年、佐貫というところで親鸞聖人は、人々のために三部経の千部読誦を発願し、四〜五日経って思い返してやめられたとの恵信尼のお手紙である。

信蓮房は栗沢の信蓮房明信のことであり、親鸞聖人の亡くなられたときは五十二歳である。

声をあげて経典を読む読経（どきょう）は、修行僧たちが反省・攻究・思念の思量を得るために、教団内で低い声で仏典を読誦し口ずさむことで、西暦紀元後に始まった。

極楽浄土に往生するための正しい行としての五種正行（しょうぎょう）が、唐代初期、長安を中心に活躍した僧善導（ぜんどう）（六一三〜六八一）の、『観経疏（かんぎょうしょ）』散善義に説かれている。

㈠読誦正行（どくじゅしょうぎょう）……浄土三部経（『大無量寿経』『阿弥陀経』『観無量寿経』）を読誦すること。

㈡観察正行……浄土の相（すがた）を観想（心を集中して深く観察し想起）すること。

㈢礼拝正行……阿弥陀仏を礼拝すること。

㈣称名正行……阿弥陀仏の名をとなえること。

㈤讃歎供養正行……阿弥陀仏を讃歎（深く感謝してほめる）し供養すること。

いわゆる礼拝・読誦・観察・称名・讃歎供養の五種の行である。正行とは、まさに行うべき正しい行いを意味する。

これに対し雑行（ぞうぎょう）は、浄土教でいう念仏以外の諸の実践法であり、阿弥陀仏の浄土に生まれたいと願いながら、阿弥陀仏以外の諸仏を礼拝したり、その名を称え、讃歎など行うよろずの行をいう。

唐の善導和尚は、浄土に往生するための五種の正行に対し、浄土三部経以外の諸経典を読誦し、阿弥陀仏以外の諸仏を供養する雑行を五種に分け、読誦雑行・観察雑行・礼拝雑行・称名雑行・讃歎供養雑行と、正行、雑行の実践行を区分してお示しになった。

浄土は仏の国、煩悩を離れて悟りの境地に入った仏や菩薩の住む清浄な国土である。極楽浄土は、過去世において、法蔵比丘の立てた誓願に基づいて建立されたもので、人間が現実に住んでいるこの娑婆（苦しみが多く忍耐すべき）世界の西方の十万億土の仏国土を過ぎたところにある。

三部経を千部読誦、よい果報をもたらすもととなる善行、善行の結果として与えられる神仏のめぐみ、ご利益を得ることとは、みじめな農民たちに深い愛を向けられての衆生利益の想いやりであったであろう。

それからさらに十七、八年時が経ち、寛喜三（一二三一）年に病臥に伏し、熱にうなされて深い反省をし、いよいよその信を深くする。

求道者親鸞は、念仏の行者として自身は、このような三部経千部読誦を行う必要はなく、仏恩報謝の道は、「自信教人信（じしんきょうにんしん）」にあること、念仏こそが苦しむ武士、農民、商人、文字の心も知らぬ浅ましい愚癡きわまりなき下層農民のささえであり、人々の心をうるおす唯一の道であると考えたに違いない。

「自信教人信（じしんきょうにんしん）」とは、自ら信じ、人を教えて信ぜしむること、教化せしむという意味である。親鸞は、建保二（一二一四）年、上野国佐貫で、自信教人信の本意が名号（念仏）にあると思い返し、衆生利益のための三部経読誦を中止する。まずわが信心が決定して、人に教えることが、仏恩報謝になるということであることに気づく。

親鸞の教化態度は、人師たることを避け、同行の心構えに立ち、つつましやかな親しみ深い姿勢である。御同行、御同朋とともにあり、偶像化や人師たらしめられんとすることも避けたのではなかったか。ここに親鸞の魅力が感じられる。

称名念仏、南無阿弥陀仏の六字・九字・十字の名号、心の依りどころになる尊号の尊さを悟ったのである。

## 第六通

さしあげましたお手紙の中に、先年、寛喜三年四月四日より病気になられたときのことを書き記して、手紙に同封しておきましたが、四月十一日の明け方、「経を読むことはこれまでだ」とおっしゃったのは、そのときの日記には、そのまま「四月十一日の明け方」と記してありました。その日数を数えてみますと、八日目に当たっていました。四月四日からは、八日目に当ります。

わかさ殿へお取次ぎください。

恵信

第五通の手紙の親鸞の病の日付を誤ったことに気づき訂正している。「さてふして四日ともうすあか月」は、実は八日目のことだった。古い日記を引き出し訂正している。恵信尼は日記を書いていた。三十年以前の事柄である。素養と信念を併せもった恵信尼公が、日記を書いていらしたことがわかる。文字を読み書きできぬ、素養なき人の多い時代である。いかに教養豊かな女性であったか知ることができるであろう。

## 第七通

またこの国は、去年の作物がとりわけ不作で、嘆かわしいことであります。めったなことでは、生き長らえることができるとも思えません。中には、すっかり様子が変わってしまったところもあります。それが一所だけでなく、益方というところや、また多分、頼りにしている人の所領なども、みなこのようでありますうえに、世間一般も不作でありますから、とてもあれやこれやと頼みのかけようもありません。このようにしているうちに、年来、召使っていた者たちも、男二人が正月に逃げてなくなりました。どういうふうにして作物を作ればよいのか、作りようもありませんので、いよいよ世間は頼りになりませんけれども、この先、どれほど生きて行ける身でもありませんから、世間を心苦しく思ってはならないのですが、わたし一人で生活しているのではありませんし、この者たちのある者は、親のない小黒の女房の女の子や男の子で、わたしのもとにいますうえに、益方の子供もいつもここにおりますから、なんとなく母親のような気分がいたします。それにつけても、これらすべてが、命をつなぐのも難しいように思われます。

書かれた年月日が記入されていないこの手紙は、いつ書かれたのであろうか。「この国」とは越後国であり、越後で書かれた手紙であろう。

第四通（弘長三年の手紙）には「今年の飢饉」とあり、第七通では「去年の作物がとりわけ不作で嘆かわしい」と、世間一般も不作で飢饉になり、すべて様相が変わり、荒涼となってしまったと、京都の末娘覚信尼に、この手紙にて越後の飢饉を知らせている。京都の生活と違い、半年は雪深き越後の生活、自然環境には風雪がそこにあり、なお一層寒く厳しい。

第四通（弘長三年）にて、越後の孫たちを母代わりに世話をしていることが語られ、小黒女房や益方の子、幼児をかかえ、飢えさせないため、恵信尼公は困難な生活に耐えている。その姿は涙をさそう。

ことし(今年)のけかち(飢渇)にや、うへじ(飢死)にもせんずらんとこそおぼえ候え。かようのたよりに、

なにもまいらせぬ事こそ、心もとなくおぼえ候えども、ちからなく候う也。（第四通）

飢饉のために飢死するかと思うばかりであると。

わが国の古代から今日にいたる史実には、自然災害の被害が多くあり、要因は天災、霖雨、冷害、大地震、火山噴火、大風、旱魃、落雷、虫害などさまざまであった。米、野菜という生活必需品は、天災の被害を受けやすい。農作物が実らず、食物が欠乏し、飢えに苦しむ人たち。生活に必要な物資が不足し、餓死が現実の目前の生活状態であった。今日のように、社会保障や農業技術のない中世のことである。

飢饉の史実をみると、養和元（一一八一）年、旱魃による死者は四万人と記録にある。天明（一七八一～一七八八）年間ですら、飢饉によって二百万人の餓死者がでている。江戸時代の三大飢饉（享保、天明、天保）は有名であるが、雑草、樹皮、壁土まで食い尽す状態であった。

明治以降も東北に飢饉が発生し、昭和の凶作は不景気に追い打ちをかけた。東北地方の農村は窮乏にあえぎ、やむを得ずに娘を身売りするという悲話の現実も涙をさそい、社会問題となった。

農業技術の進歩や品種改良などで、今日飢饉に見まわれることは皆無となったが、食糧が少ない飢餓の生活が史実に、実に多く見られる。飲食が得られぬために苦しみのやむことがない生存状態、常に飢饉に苦しむこの世は餓鬼道である。

人は生活の技術を研鑽し、飢え死にせぬ万全の努力をせねばなるまい。備蓄米も必要、科学研究の実用も大切であろう。

飢饉に貧した地獄のごとき苦しみのある人生、そこにあって「欣求浄土（ごんぐじょうど）」、浄土を願い求める。願いを求める願往生の志は大切である。浄土に生まれようと願う信心は、願生安楽国を希求する。安けき国、「安楽浄土」には諸の苦悩がなく、心の安らぎがあろう。阿弥陀仏の極楽浄土にはこの上ない楽しみのみがあり、阿弥陀仏はここにいて、常に説法する。この国に生まれる人はさまざまな楽しみを受ける。心のままに法を聞き、仏を供養し、悟りが開ける。

阿弥陀仏の救いに疑惑をいだけば、諸行往生の人の生まれる辺地、方便化土に生まれる。自力念仏の人（第二十願）、諸善万行の人（第十九願）の人が生まれる。この浄土の辺地の宮殿に滞在すると、五百年間、三宝を見聞きできないといわれている。疑城は、疑惑の行者のとどまる方便化土である。胎宮（母胎）の中にいるごとくである。

極楽浄土に生まれる往生の業として、善導和尚は『観経疏』で、浄土に生まれる原因となる行業を五正行（読誦、観察、礼拝、称名、讃歎供養）とした。このうち称名（南無阿弥陀仏）を正行、他の四つを助業としたのである。

## 第八通

もしかすると好便があるかも知れないと思って、えちうのもとへ、この手紙を持たせてやります。

さて、先年、八十という年、大病をして助かったときも、八十三の年には必ず死ぬものと思っていましたし、物知りの人が書いたものなどにも同じようにいってあるということですので、今年は死ぬものと思っておりますから、生きているときに卒塔婆を建ててみたいものと、五重の石塔を高さ七尺に誂（あつら）えましたところ、塔師も造ると申しますので、石ができてき次第、建ててみたいと思います。けれども、去年の飢饉に、益方の子とここに以前からいる子と、とくにこれということもなく、幼い子供や上の者など、大勢おります者たちを、だれ一人も殺すまいと、やって来るうちに、新しいものも着ら

れなくなりましたばかりか、白衣さえ一つも着ておりませんから、

（もう一紙ここに手紙があったと思われる）

一人あります。

また、おと法師と申しました子供は、とう四郎と今は申しておりますが、これに、そちらへ行くようにと申しました。そのようにお心得になってください。けさの娘は十七になりました。

さて、ことりという女には子供が一人もいないので今ちょうど七つになる女の子を養わせています。その子は親について一緒にそちらに行くはずです。万事、書き尽くすことがとてもできませんので、これで筆を止めました。かしこ。

恵信尼公八十三歳とこの手紙には書かれているが、日付がない。八十歳で大病をして助かった。八十歳をすぎればいつなんどきお迎えがあり、死するかわからない。八十三の歳には必ず死ぬものと思っていた、今年は死ぬと思っていたと、恵信尼は語る。

人には天寿という与えられた寿命があり、長寿の人生であったとしても、死は避けられない。一生の終焉である。釈尊は「人間は死すべき者である」ことを明らかにし、「一切

の生きとし生ける者は必ず死すべき存在、死を本質とする者」である。死は超え得ないものである、死を受け入れよと教える。

親鸞聖人は晩年、「自然法爾（じねんほうに）」（人為を加えず、おのずからそうなっている無為自然の仏教の真理、自然の法則である宗教的境地）を語った。「自然といふは行者のはからひにあらず」と。

人には天から授かった天寿（定命）がある。諸行無常、万物は常に変化して少しの間もとどまらない。仏教の根本思想のひとつに三法印（諸行無常印、諸法無我印、涅槃寂静印）がある。「諸行無常、是生滅法、生滅滅己、寂滅為楽」と『涅槃経』に説かれ、「雪山偈」ともいわれている。諸々のつくられたものは無常である。生じては滅びる性格のものである。それらの静まることが安楽である。無常を説く「いろは歌」は有名である。

色は匂へど散りぬるを　　諸行無常
わが世たれぞ常ならぬ　　是生滅法
有為の奥山けふ越えて　　生滅滅己
浅き夢みじ酔ひもせず　　寂滅為楽

人生に終着駅があるが故に、人は時間を大切にし、有意義に積極的に生きることを無常観はすすめる。人はいつまでも生きられない。老病死のこの自覚に、東洋人は永久なる人生を望み求め、仏智に生きることになる。

老境の恵信尼公も親鸞聖人同様に、生老病死の人生、自然法爾の心をよく理解していたと思われるが、いかがであろうか。

## 七尺の五重の石塔

生きているうちに卒塔婆を建ててみたい。七尺の五重の石塔をあつらえ、塔師もつくるというので、石ができ次第建ててみたいと思うと、恵信尼公は覚信尼に手紙を書いている。

卒塔婆は stūpa の音写で、塔、塔婆、廟、高顕処、墳陵と訳される。遺骨や経巻を安置し、堆土、石、木などで高く土饅頭型に盛り上げた塚、または墓のことで、記念の築造物である。仏の遺骨、所持品、遺髪などを埋め、この塔を中心に新しい仏教運動が起こり、大乗仏教にまで発展したことは知られるが、わが国では金堂とならんで重要な建築物として建立された五重塔や三重の塔も、ストゥーパの変形したものであろう。

死者の追善のために墓側に立てる板塔婆を塔婆と呼び、建築物を塔と呼ぶ。

恵信尼公の場合は、親鸞聖人の追善の塔であったであろうか。老いて死も遠からぬ自分の墳墓を建てるためか。両説が考えられようが、没後の自らの供養塔、自らの寿塔であったのだろうか。

文永三年は親鸞聖人の三回忌の年である。三回忌の夫、親鸞聖人のため、そして没後の自らの供養塔であろうか。聖人の遺骨は、京都の覚信尼のもとにある。分骨を考えたのであろうか。

七尺の五重石塔ができて、建てられないとあるのは、経済的な理由であろう。当時の困難な生活の中では難しい。去年の飢饉のこと、子供をかかえ、飢えさせないで守らねばならぬ。孫たちのほか、多くの下人たちの子供もみていて、誰一人として殺すまいと、老いた恵信尼公の真剣な生活者の姿が見られる。

「新しいものも着られなくなりましたばかりか、（尼として着る）白衣さえ一つも着ておりませんから」と、手紙はここで終わっていて、ここにもう一紙手紙の文章があったと思われる。

文章は突然、『恵信尼文書』二譲状にある「いぬまさ」のおと法師と申しました子供、「そのおとと」当時七歳の子供が大きくなり、とう四郎と今は申している。けさの娘も、『恵信尼文書』二譲状に見える当時九歳の「いぬわう」が十七歳になった。ことりという女は子供がおらぬため、今ちょうど七歳になる女の子を養わせている。その子は一緒に、そちら覚信尼の住む京都に行くはずです、万事を書き尽すことができないので筆を置くと、この手紙は終わっている。

人は老い、子から孫へ血筋や精神は受け継がれていく。子供の時代、孫の時代と、時は確実に推移していく。

昔から「児孫のために美田を買わず」（西郷隆盛の詩）と、子孫のために財産を残すと、かえってよい結果にならないから、そうしない。「美田残さず」との教訓がある。

長寿の人生といえども、「生きられる時間」は定められている。五尺の身体の生存には限りがある。そこで、人は老病死を自覚し、大切なこと、叡智を次の世代に伝える。いわゆる以心伝心、真理を師から弟子の心に伝え、大切な智恵を子供、孫の世代に伝える。それが人間の宿命であろう。

智慧は船で溺者を救うのに例えられる。仏の智慧は最高の智慧、般若であり、知識ではない。もの知り、博学というのではなく、大切な心を伝え、智慧を伝える。多くを身につけ、子供は大人へと成長していく。孫、子、次の世代に贈る大切な智慧、その心があろう。

子供に恵まれない人もいる。寺院は仏教の智慧を老若男女に伝える使命をもつ大切な心の殿堂、堂宇であろう。

索漠とした社会に、いつの時代にあっても受け継がれて、進化していく心、魂があろう。それは物質や肉体でないことが、恵信尼公晩年の年老いた手紙から読みとれるであろう。

## 浄土の存在

浄土は、煩悩を離れて悟りの境地に入った仏や菩薩の住む清浄な国土である。苦悩に満ちたわれわれの世界、この世は、けがれた不浄な国土、穢土といわれる。浄土に対しての穢土である。

穢土は三界六道の世界である。衆生（人々）が生まれて死に、車輪が回転して極まりないように、生死を重ね迷いの世界を生きかわり、死にかわり、同じことを繰り返す。三つの領域（欲界、色界、無色界）にわれわれは生死流転する。その輪廻転生である。

㈠欲　界……淫欲・食欲の二つの欲を有する生きものの住むところで、欲の盛んな世界。地獄・餓鬼・畜生・修羅・人間・天の六道がある。

㈡色　界……欲を離れた清らかな世界。色（絶妙な物質）より成る。

㈢無色界……物質を超えた世界。精神のみが存在する。

これらの区分は、もともと人々の精神を静かならしめる修養の発達の段階を表す。三界の衆生は、迷いを重ね、生死を重ねる。この世の人間の世界である。

三界の生存はみな苦しみ（三界皆苦）であり、燃えあがっている火のようである。生死輪廻する迷いの生存界は、火のついた家（火宅）に例えられる。八苦を受け、いわゆる苦しみの世界に住している。

六道輪廻、すなわち地獄・餓鬼・畜生・修羅・人間・天の六つの迷界、六道に生まれかわり、死にかわりして、迷いの生をつづける。

迷って、ものごとの整理がつかなくなる。ものがもつれ、からみ、乱れ、入り乱れる。道に迷い、道がわからなくてうろうろする。入りまじって見分けがつかなくなる。心が定まらず途方に暮れる。決断がにぶる。心がぐらつく。誘惑されて判断力を失う。妄執のため成仏できず、迷いの生を続ける。それらがいわゆる穢土である。

それに対して浄土とは何か。浄土は実在するのか。実在の根拠は何か。一体何のために如来は浄土を説かれるのか。

浄土は、日常生活の破綻に苦しめられた人間が求めずにはおられない世界である。浄土は私たちの生活と連結している。

願生とは浄土に生まれようと願う心である。求めずにはおられない、願わずにはおられないことが「願生心」である。

安楽国、安楽世界、極楽浄土、安養浄土を求める（願生安楽国）。この弥陀の浄土に往生することを願うのが浄土門であろう。「厭離穢土欣求浄土」（けがれたこの世をいといはなれ、心から喜んで浄土に生まれようと願う）は、よく知られる浄土願生の心である。

生死に執着している人間の心は、実に生死ありと考えているであろう。

願生の生とは迷いの世界を離れた生であり、真実報土、極楽への往生を願っている。迷いの世界におけるような生ではなく、生滅を超越した絶対永遠の生であり、六道の生を離れた生である。真実信心の人は、六道四生に生まるることなきゆえに無生という。

## 阿弥陀仏の浄土に生まれるということは、どういうことなのか

われらの生まれる浄土とはどのようなところなのか。浄土願生の心は、実は、信の一形態である。

阿弥陀仏の浄土は、無量寿（はかりしれない命の仏、永遠の生命）、無量光である。浄土においては寿終ということはない。

本願成就の真実、願がある程度完成すると、浄土ができあがる。願いを照らして、その

願いをいよいよ完全なものたらしめようとする。阿弥陀如来は自在神通力をもって成ずるのである。本願力成就である。われわれにあっては信心決定であり、決定往生であろう。安楽国に願生するとは、此土より浄土へという往生の義である。真如法性の浄土である。真如とはありのまま、あるがままなることである。法性は、法がかくのごとく成立していることである。あらゆる存在の真の姿、つまり真理である。

浄土は西方にある。『阿弥陀経』には、「西方十万億仏土離れたところに世界あり、名づけて極楽浄土という」とある。

きらびやかな光を放って暗闇を照らす無量の光である。浄土の実在の有無（形而上学）でなく、「厭離穢土欣求浄土」衆生の願生心、浄土願生の発願廻向の心があるところに往生（往って生まれる）、往相のすがたがあり、浄土から還って人々を救う還相、往還二廻向の心がある。

『観無量寿経』と『浄土論』（世親造。往生論ともいう）は、行者の観察の対象として如来や浄土を心に浮かべよ、浄土は願心荘厳の世界であると説く。

浄土は生死勤苦の本を抜く。無上正覚の心、無上殊勝の願心の内容を満たす真理であり、一切の人々の生死勤苦の本を除く。仏の大慈悲心「念仏衆生摂取不捨」、である。

涅槃（nirvāṇa）という語は、もともと迷いの火を吹き消した状態、悟りを意味している。後世、涅槃と言えばブッタの死を意味するようになり、「涅槃会」が釈尊の入滅をさす言葉、二月二十五日に行われる仏忌法会となった。奈良時代、興福寺で釈尊の死をしのび、常楽会という名前で始められたのが始まりである。いつの間にかブッタの死をもって涅槃というようになった。

有余涅槃（界）、無余涅槃（界）ともいう思想にもなった。この世において悟りに到達しても、肉体の残存している間は肉体を所有しているのでいろいろな束縛を受けることがある。心はあらゆる束縛から脱して解脱しているが、まだ肉体を残しているので「有余」という。余とは肉体の残余の意味である。まだ完全な悟りではなく、悟れる者が肉体を棄てたとき、完全な涅槃に入る。肉体などの生存の制約から完全に離脱した状態、その身体までもなくしたとき、無余涅槃となる。煩悩も肉体も完全に滅し尽くした状態をさしている。

ブッタは、霊魂の有無とか死後の問題についていつも沈黙を守っていた。このような形而上学的な問題について論議すること自体、涅槃にいたる道として何等役立たないばかりでなく、むしろ有害な戯論（無意味で利益のない議論）であると考えた。どこまでも現法涅槃（この世においてニルヴァーナを体得すること）、この世において迷いの生を超えることを教えるものであった。したがって死後の世界の有無を問題として論議することを無記（そういうことは問題として論ずるな）として退けておられる。

親鸞聖人の往生観は、死後の浄土往生といわんよりは、他力の信心を得たとき、この世で正定聚の位に定まると即得往生を説く。現在の生（この世）での現生正定聚不退転位、念仏往生の願を釈尊同様に明らかにしている。

親鸞聖人の仏教はいわゆる智慧の宗教であり、信心為本を基盤としている。正智（仏智）による信慧の信心、仏の智慧心を本質としている。

生死即涅槃という仏教語は、生死の迷いの世界と涅槃の悟りの世界とは相互に対立するように見えるが、仏の境地から観察すれば、生死の差別相を離れて涅槃なく、涅槃の平等心を離れて生死はないと諭す。生と死は、日本人の大好きな生き死にの姿であるが、生あれば死あり、生死は一如である。真如実相（真実ありのままの姿）であり、異なることがない。同体同一である。東洋の哲学では生死一如と考える。それは自然そのものとして自らそうなっている真理（自然法爾）そのものであるとする。

仏が衆生（人々）の救済の場としてしつらえた浄土は、極楽浄土と同意語であろう。楽のみがあって苦がない清らかな世界である。穢土に対して浄土とし、西方の阿弥陀仏の国土をさす。三部経によれば、浄土は西方十万億土の仏土を越えたところに位置している。「もろもろの苦あることなし。たゞもろもろの楽をうく。かるが故に極楽となづく」と『阿弥陀経』に説かれている。

親鸞聖人の主著『教行信証』は文類、すなわち経釈の文を類聚した一種の文集であるが、真仏土（真実の浄土）について「仏はすなわちこれ不可思議光如来なり、土はまたこれ無量光明土なり」とある。不可思議とは、不思議な仏、阿弥陀如来のことである。

浄土＝無量光明土と親鸞聖人は考えた。色や形のある極楽ではなく、光明をはかり知れない智慧の光明として見ていたのである。念仏により浄土に生ずるという浄土信仰の基本姿勢は、曇鸞の『浄土論註』を支柱としているともいえる。往相も還相もすべて阿弥陀仏の廻向であるという、親鸞の教義の骨格ともいわれる根本思想は、『浄土論註』に源泉があろう。

さて、女人成仏の問題は『教行信証』には論述がない。韋提希（いだいけ）夫人の女性の救いは登場するが、『観経』の世界である。『浄土和讃』『高僧和讃』には第三十五願、女人成仏の意を歌い力説している。

当時の仏教界は、女人を軽んじる戒律中心主義の傾向にあったが、「男女老少を選ばず」

と本願一乗の道を明らかにしたところに、戒律の人でない人間の実存の実相をよく了得した大乗思想としての念仏道を展開し、万民に念仏成仏道を明らかにされているといえるだろう。

## 浄土教が対象としている人々は、一体どんな衆生であろうか

龍樹（Nāgārjuna. ＡＤ一五〇～二五〇ごろ）の『十住毘婆沙論』「易行品」には、浄土教は虚弱下劣な人々のための教えである、難行でない易行道、称名念仏による往生浄土が説かれている。

世親（Vasuvandhu. ＡＤ三二〇～四〇〇）は『浄土論』（『往生論』）「無量寿経優婆提舎願生偈」にて、五念門、

㈠礼拝……身に阿弥陀仏を礼拝する
㈡讃歎……口に阿弥陀仏のみ名を称える
㈢作願……心に常に安楽浄土に往生したいと一心に念ずる
㈣観察……智慧をもって阿弥陀仏の浄土と阿弥陀仏および菩薩たちについての功徳に飾られた姿を念じ、観想する

㈤廻向……世の一切の人の上に思いをはせて、ともに浄土に生まれようと願うを示した。

世親の『浄土論』のなかで親鸞が最も注目したのは、その最初の一句「世尊、我れ一心に尽十方無礙光如来に帰命し、安楽国に生ぜんことを願う」というこの一心の意である。曇鸞（四七六～五四二）は、回心、未廻心に約して釈す。つまり廻心皆往を基調にしての論である。廻心すれば皆往く。唯除五逆誹謗正法、共々廻心皆往を帰結する。

道綽（五六二～六四五）は、聖道と浄土という二つの範疇を立て、聖道を捨てて浄土に入ることが通入すべき路であるという。一生造悪の人々のため、情をもって趣入す。生のままの具体的な人間の姿、情による趣入である。

善導（六一三～六八一。道綽の弟子）には、五部九巻の聖教と呼ばれる著書があるが、念仏を称名念仏と解し、念仏が仏の願力に順ずるから往生が可能になる。称名は正定業であると、仏の教えが凡愚のためのものであることを明示した。法然は、「偏えに善導一師に依る」と師として仰いだ。その法然上人は、一文不知の愚鈍の身のための念仏道を明らかにする。

親鸞において大乗至極の花が開く。どうして花が咲いたか考えてみると、そこには多くの先学たち、いい換えてみると浄土教学の伝承、智慧の継承という七高僧、仏教の歴史そのものがある。

龍樹、八宗の祖の難易二道『十住毘婆沙論』第九易行品の難行道、易行道である。

龍樹大士世にいで、
難行易行のみちをしへ
流転輪廻のわれらをば
弘誓のふねにのせたまふ（親鸞「高僧和讃」）

天親（世親）は『無量寿経優婆提舎願生偈』（往生論。浄土論）の著者として注目されている。優婆提舎（upadeśa）は論書を意味する。「世尊よ、われ一心に、尽十方無礙光如来に帰命したてまつり、安楽国に生ぜんことを願う」という四句からの願生偈、初偈はよく知られるところであろう。

天親論主は一心に
無礙光に帰命す
本願力に乗ずれば
報土にいたるとのべたまふ（親鸞「高僧和讃」）

本願力に帰命すべきことが強調された。

曇鸞（四七六～五四二）には、『無量寿経優婆提舎願生偈註』（『浄土論註』）、『讃阿弥陀仏偈』『略論安楽浄土義』などの労作がある。

『論註』二巻にて、他力、自力という考え方が生まれている。

四論の講説さしおきて
本願他力をときたまひ
具縛の凡衆をみちびきて
涅槃のかどにぞいらしめし

論主の一心ととけるをば
曇鸞大師のみことには
煩悩成就のわれらが
他力の信とのべたまふ（親鸞「高僧和讃」）

世親が『往生論』にて一心帰命と説いたものを、曇鸞は『往生論註』にて「本願他力の信」と註釈した。ここに親鸞聖人は価値を認め、世親の「親」、曇鸞の「鸞」の字をとり親鸞と名づけている。

道綽（五六二～六四五）の著作には『安楽集』二巻がある。仏教全体を聖道門と浄土門の考えで諸経典を価値排列づける教判（教相判釈）にて初めて打ち出している。

本師道綽禅師は
聖道万行さしおきて
唯有浄土一門を
通入すべきみちととく（親鸞「高僧和讃」）

すなわち、聖道門と浄土門とをわかつ教判が確立したのである。

善導（六一三～六八一）は、ひとりほとけの真意を明らかにし自力をたのむものと悪逆の凡夫とをふかく哀み、仏智不思議の名号のいわれをあらわした。法然―親鸞の念仏の教え（浄土教）は、この流れをくんでいる。

「他力念仏」「罪悪生死の凡夫」という教えを先学として示す。

法然上人は、善導の『観無量寿経疏』四巻を根拠に、五種の正行（読誦、観察、礼拝、称名、讃嘆供養）について正業と助業に分け、称名念仏をもって正業とした。二十六歳のころ諸宗の硯学を列し、先学源信の『往生要集』を講説したといわれる。法然上人は『往生要集』に導かれたのであろう。

『往生要集』には、実想念仏、観想念仏、観像念仏、口称念仏の四種念仏が説かれた。天台宗の源信は、念仏はさまざまな補助法を得てはじめて往生の業となると説き、ある意味で口称念仏は最も劣れる念仏という、旧仏教の徒としての考え方を示していた。

承安五（一一七五）年、四十三歳にして専修念仏の教えを打ち出し、浄土宗の開立を宣言した。主著『選択本願念仏集』を著したのは建久九（一一九八）年、六十六歳のときのことである。「易なるが故に」「名号はこれ万物の帰するところ」だからすべての余行を選び捨てて、この称名念仏の一行を選びとると、選択本願念仏の一行を往生の本願と教え示した。

親鸞聖人は、建仁元（一二〇一）年、二十九歳のとき、東山の吉水にて法然上人の弟子となった。師法然上人は六十九歳であった。それから六年して承元元（一二〇七）年、法難により法然上人は土佐に配流せられ、親鸞聖人も越後にご流罪となり、以後師と弟子は二度と会うことができなかった。

親鸞聖人は、「ひとえに」法然上人に傾注（偏依法然）しつつも、新しい思惟をもって念仏の教えを熟成し、乗り越えてゆく。そこに救済道、念仏道の進展があった。

## 漢文の宗教詩「正信念仏偈」

『教行信証』行巻の巻末の漢文の偈頌「正信偈」は、七言百二十句の真実の行信を明らかにした簡明な真宗要義、綱要である。

「大聖の真言に帰し、大祖の解釈を閲(えつ)して、仏恩の深遠なるを信知して、正信念仏偈を作りて曰(いわ)く」と七人の祖師を列ねて浄土の教を讃詠している。阿弥陀仏の本願の教えが釈尊の金口から発して、親鸞聖人のみ胸に届くまで長き相承の歴史があった。

念仏流転の本流を形成された方として、七人の高僧を真宗相承の祖師として選ばれた。阿弥陀仏のご本願に帰依し、お念仏を喜ばれた七高僧の方々である。インドにおける龍樹、天親、中国における曇鸞、道綽、善導、日本にあっての源信、源空の七人の祖師たちを語られる。

「正信偈」は真宗門徒に最も身近で親しく読まれるお聖教で、安らぎの源泉である。内容も豊富である。拙著『正信念仏偈講義』（昭和六十年、山喜房佛書林）をお読みいただければうれしく思う。

仏はどんな根拠に立って、われわれを救済する本願を起こされたのか。

仏は、一切衆生の根本の要望を知って本願を起こし、浄土を建立し、同時に往生の道をお開きになった。衆生のための浄土、あらゆる衆生が互いに安住することのできる一切衆生の浄土である。

『観無量寿経』の浄土は、阿弥陀仏が特権を持っている。そこへ往生するのには、仏の臨終来迎を必要とする。

法蔵菩薩は、十方衆生の浄土を建立するために、われわれに代わってその本願を立てた。本願の主は仏で、われわれはその本願に助けてもらうのが往生である。因位の法蔵が本願を起こし、修行が成満して浄土を建立し、阿弥陀仏となった。本願がわれわれに響くと感得される。

親鸞聖人は、悪人成仏のための念仏であった。弥陀の本願は貧窮と富貴、下智と高才、多聞にして浄戒を持する者と、破戒にして罪根深き者とを選ぶことなく、総ての人々を個の人間という場において救済せんとしている。本願の本質であるとする。

親鸞聖人は、現生に正定聚に住し得ても、煩悩具足の故に滅度に至ることはできぬ。自覚的信仰、わが身の程を知るのが正しい信仰であると、宿業の自覚をさとす。

「弥陀の本願には……信心を要とすと知るべし」（『歎異抄』第一条）。罪悪深重なるは宿業である。煩悩熾盛、内にあってわれわれを悩ますもの、それは貪瞋癡の三毒の煩悩である。

自身はこれ煩悩具足の凡夫であると信知する。自身は一生涯変わらない。わが身の程を知る。罪悪深重、煩悩熾盛の衆生、すべてこの宿業に悩まされている苦悩の衆生を捨てずして、その苦悩の衆生を助ける。

苦悩の衆生に南無阿弥陀仏の名号を廻向する。束縛の業をもちける身にてありけるを、たすけんとおぼしめす本願のかたじけなさよ。わが身という独自の身上のこと、誰も代わるものはない。かくのごときのわれらのためなりけり。煩悩具足の凡夫であるわれらのためである。

念仏は、無信単称の称仏でなく、行信不離の称名行であり、無為自然の浄土、浄土は無為の自然である。

## 夢が叶う念願成就の道

夢も希望もなく何もなすところもなく、徒らに一生を終える酔生夢死の人生もある。念じ願わなければ夢は叶わない。願生浄土の心はその意味では大切である。

信仰には、念ずれば花開く初発心の心、一念発起のときがある。「発願廻向(ほつがんえこう)」「願生浄土(がんしょうじょうど)」、浄土の業因決定の瞬間、念願を起こし夢・希望に進み、願いの叶う道に入る瞬間がある。

「一年の計は元旦にあり」「桃栗三年柿八年」。ごく身近な念願成就という私たちの希望、その可能性を実現する夢、願いが叶う初志貫徹の論理は、自分の願うことを叶えてくれる。願う事柄は望むとおりに叶う。初発心があってこそ必ず願いは叶う。

愚禿八十五歳書之『唯信鈔文意』（真宗聖教全書　二、宗祖部　六二五頁）には、

……『大経』（巻下）には「願生彼国、即得往生、住不退転」とのたまへり。「願生彼国」は、かのくにゝむまれんとねがへとなり。「即得往生」は信心をうればすなはち往生すといふ。すなはち往生すといふは不退転に住するをいふ、不退転に住すといふは、すなはち正定聚のくらいにさだまるなり。成等正覚ともいへり。これを即得往生といふなり。

希望する彼の国に生まれんと願え。信心を得ればすなわち往生す。往生すというは不退転に住する、正定聚の位に定まるをいう。成等正覚即得往生と語る。

ふと、親鸞聖人の信仰は何であったのか。科学の未発達な不便な生活にあって、何が心の依りどころであり心の糧であったのであろうか。人生で目指したものは何であったのであろうか、と思う。

何を信知すべきか。

㈠信心を得る信仰心は、目に見えない世界、因果律を信ずる心である。因(たね)を蒔けば実が生る。蒔かぬ種は生えぬ。原因と結果の関係であるが、因縁果と因果律を仏語は語る。柿は実が生るまで八年の年月を要する。因を植えて八年歳月が経たねば結実せぬ。その間目には見えぬ因果律、自然の法則を信ずる、信知することとなる。

信じ尊ぶその信心を得れば、すなわち往生す。願うところへ往って生まれることができる。結実を見ることができる。

善根を植えて疑えば花開かず。因を植えたならば草をとり、肥料も与え大切に育てれば、今は見えぬ実が因果の道理、自然の法則により結実する。

㈡発願と修行目標に向かって修行するその過程においてすでに得た功徳を決して失うことがない不退転に住すること、不退転の決意によって必ず仏果を得ることが定まる。

願いを叶えてくださる阿弥陀仏を信じて疑いなければ現世に正定聚に住し、退かない不退転の決意によって目標に達することができる。専修専念の行、一向専修と一行をすすめられる。よろづの行（雑行）でなく一向専念、易行の一行をすすめる。

## ㈢一行を修するべし

ただ一つの修行に専心すること。行は、行い、ふるまいであるが、形成するもの、われわれの存在を成り立たせる潜在的形成力である。つまり実践によって、行は物事を形成し、形成されたものを造りあげる。

諸行は、現象世界の諸善行、もろもろの善事善行である。往生浄土のためには、ただ一つの念仏の行を修すべきであると一向専修をすすめる。

『唯信鈔文意』（愚禿親鸞八十五歳書之）には、

……選擇本願の名號を一向専修なれとをしへたまふみことなり。「専復専」(せんぷせん)といふは、はじめの専は一行を修すべしとなり、復(ぶ)はまたといふ、かさぬといふ。しかればまた専といふは一心なれとなり、一行・一心をもはらなれとなり。専は一といふことばなり、もはらといふはふたごゝろなかれとなり、ともかくもうつるこゝろなきを専といふなり。この一行・一心なるひとを彌陀攝取してすてたまはざれば阿彌陀となづけたてまつると……（真宗聖教全書　六三二頁）

と語る。

一向専修とはどういうことであろうか。

一芸に秀でる、一芸に秀でた一芸の士が心に浮かぶ。あれもやり、これもやり、どういうことでも行う。何でも彼でも何ごとでもできる万能の人もいる。何ごとにでも手を出したがる人、何ごとでもある程度できる人もいるであろう。

ところが専修専念は一極の人、二つとない唯一究極の境地に達した大乗仏教の究極の教え、一乗の極唱をめざしている。したがってもろもろの雑行雑修、さまざまな行法を雑えて修することではなさそうである。

弥陀の浄土に往生する正しい行い、正定聚を一向専修はすすめている。すぐれた才能を表すのが遅い人もいる。大器晩成の人である。一つのことに向かい、ひたすらひとすじに一途に専念し誠心誠意、精神を尽くしてつとめ励み、初めに思い立った初心を貫く（初志貫徹）人は、初心忘るべからずと常に志したときの意気込みと謙虚さをもってことに当たる。すると必ず芽が出、花が咲く。

一向専修は、一つのことに専念することの大切さを教える。

(四)信心決定の人

善信八十八歳、文応元年十一月十三日の書（『末灯鈔』六）には、信心決定のひとは、うたがひなければ正定聚に住することにて候なり。……（中略）……信心のさだまらぬ人は正定聚に住したまはずして、うかれたまひたる人なり。

と信心決定の人、未決定の人が語られる。

……一念・行の一念、ふたつなれども、信をはなれたる行もなし、行の一念をはなれたる信の一念もなし。そのゆへは、行と申は本願の名號をひとこゑとなえて、わうじやうすと申ことをきゝて、ひとこゑをもとなへ、もしは十念をもせんは行なり。この御ちかひをきゝてうたがふこゝろのすこしもなきを信の一念と申せば、信と行とふたつときけども、行をひとこゑするときゝてうたがはねば、行をはなれたる信はなしときゝて候。又信はなれたる行なしとおぼしめすべし。これみなみだの御ちかひと申ことをこゝろうべし。行と信とは御ちかひを申なり。（『末灯鈔』十一、真宗聖教全書二）

と親鸞聖人は覚信御房に建長八歳五月二十八日お返事をさしあげている。

七月十三日の有阿弥陀仏御返事（『末灯鈔』十二）には、

……一向名號をとなふとも、信心あさくば往生しがたくさふらふ。されば念佛往生とふかく信じて、しかも名號をとなへんずるは、うたがひなき報土の往生にてあるべくさふらふなり。詮ずるところ、名號をとなふといふとも、他力本願を信ぜざらんは邊地にむまるべし。本願他力をふかく信ぜんともがらは、なにごとにかは邊地の往生にて候べき。このやうをよく〳〵御こゝろえ候て御念佛候べし。

信心浅くば往生はしがたいと、信の一念、一筋の願い、堅固な深い信仰、深く道を求める心の大切さ、信心決定を語っている。「淨土へ往生するまでは不退のくらゐにておはしましさふらへば、正定聚のくらゐとなづけておはしますことにてさふらふなり。」(『末灯鈔』十三、真仏御房御返事)。

現世にて信心決定の人は、正定聚の位に住す、必ず仏果を得ることが決まった人になることを諭している。

信心決定の人は、不来迎の談、平生業成の儀であり、この世(現世)にて如来等同の正定聚位に住するが、「信心さだまらざらんひとは、臨終をも期し来迎をもまたせたまふべし」(『末灯鈔』一八、随信御房十一月二十六日親鸞)。

謗法の人、五逆の人、かようの人は仏法信ずる心のなきよりこの心は起こる。「念佛そしらんひと〲、この世、のちの世までのことを、いのりあはせたまふべきさふらふ」(『御消息集』性信御房宛)。

この信心すなはち大慈大悲の心なり。この信心すなはち佛性なり、佛性すなはち如來なり。この信心をうるを慶喜といふ。慶喜するひとは諸佛にひとしきひと、なづく。慶はうべきことをえてのちによろこぶなり。喜はこゝろのうちにつねによろこぶこゝろたえずして憶念つねなるなり。踊躍するなり。踊は天にをどるといふ、躍は地におどるといふ、よろこぶこゝろのきはまりなきかたちをあらはすなり。信心をえたるひとをば芬陀利華にたとへたまへり。……釋迦は慈父、彌陀は悲母、われらがちゝは、とて信心をしへたまへりとしるべきなり。

『唯信鈔文意』（『真宗聖教全書』二　宗祖部六三三頁）には信仰心の大切さが述べられている。

親鸞聖人は、随信御房十一月二十六日（『末灯鈔』十八）に返事をし、

彌陀他力の廻向の誓願にあひたてまつりて、眞實の信心をたまはりてよろこぶこゝろのさだまるとき、攝取してすてられまいらせざるゆへに、金剛心になるときを正定聚のくらゐに住すともまふす、彌勒菩薩とおなじくらゐになるとも、とかれてさふらふめり。彌勒とひとつくらゐになるゆへに、信心まことなるひとを、佛にひとしともまふす。

「諸佛等同と云事」には、

如來の誓願を信ずる心のさだまるとまふすは、攝取不捨の利益にあづかるゆへに不

退のくらゐにさだまると御こゝろえさふらふべし。眞實信心さだまると申も、金剛の信心のさだまるとまふすも、攝取不捨のゆへにまふすなり。さればこそ無上覺にいたるべき心のおこるとまふすなり。これを不退の位ともまふし正定聚の位にいたるともまふし、等正覺にいたるともまふすなり。このこゝろのさだまるを、十方諸佛のよろこびて、諸佛の御こゝろにひとしとほめたまふなり。このゆへに、まことの信心の人をば諸佛とひとしとまふすなり。（『末灯鈔』七『真宗聖教全書』二、六六六頁）

不退の位、正定聚の位にいたる。信心の人は諸仏と等しい等正覚にいたると誉めている。

『御消息集』（二）（性信御坊宛、七月九日）には、

念佛まふさんひと〴〵は、わが御身の料はおぼしめさずとも、朝家の御ため國民のために、念佛をまふしあはせたまひさふらはゞ、めでたふさふらふべし。往生を不定におぼしめさんひとは、まづわが身の往生をおぼしめして、御念佛さふらふべし。わが身の往生一定とおぼしめさんひとは、佛の御恩をおぼしめさんに、御報恩のために御念佛こゝろにいれてまふして、世のなか安穏なれ、佛法ひろまれとおぼしめすべしとぞ、おぼえさふらふ。（『真宗聖教全書』二、六九七頁）

念仏申さん人々は、朝家のため、国民のために、つまり皇室、朝廷、帝王、国民のため

に念仏を申し、世の中安穏なれ、仏法ひろまれと世の安穏を願っている。したがって往生不定の人は、まずわが身の往生を願いお念仏申すべきであると。

㈤退転位という生存境地もある。

どういうことか。

目的地をめざし、発心して夢をもって修行を始めるが、到達し得た境地を失ってもとの下位の境地に転落する（退く）人もいる。せっかく一願建立の夢をたてるが、決意も覚悟も浅いのであろう。精進を怠り、心を入れて努め退転なく行う初心を忘れて、横道にそれて、決心をもって初志貫徹、ものごとをやり遂げる精神力に乏しい人たちである。

途中で中断退転してしまうので、物事が成就せぬ。精神一到、何ごとか成らざらん。肝心肝要な不退転位の決意に欠け、誘惑に負ける。

因果応報、因果の道理、つまりすべてのものを因果の法則が支配し、原因があり、その結果を誘導する行為における因果関係、果を伴う因果の法則を知らず、因果の道理を無視し否定（因果撥無）した人生を歩む。それが故におちぶれてその地を立ち退くことになる。

不退転位に住する人生行路は願ったことが叶う。正定聚位に住し夢が叶う。個々の人間としての心得、念願成就の根本の智慧、明信仏智と無明との違いであろう。夢はあきらめては成就しないのである。

### ㈥目覚めた心ある人

釈尊、ブッダは「真理に目覚めた人」「覚者（さとれる者）」「眠りから目覚めた人」と呼ばれている。睡眠は、生命を営む際の基本的リズムであり、覚醒状態と交互して大切であることは申すまでもないであろう。

私の実父は、晩年、八十五歳まで寺の住職をしていた。故郷愛知に帰るため、東京駅より新幹線のぞみに乗車、名古屋駅で下車するつもりが、疲れていたのであろうか、うとうと眠ってしまい、気づくと京都駅まで乗り過してしまった。当然乗り換えて京都より名古屋に向うが、車中また眠ってしまい名古屋駅を通過、次の東京駅まで車中にあった。仕方なく車中よく睡眠し、自坊の船橋に帰宅した生前のエピソードが残っている。愉快な笑い話である。

随眠（ずいめん）は誰にもある気質であるが、潜在的な煩悩である。煩悩の種子、使いである。有情の身に相伴って離れず、意識下のアーラヤ識で、あたかも人が眠っているごとき随眠状態である。随眠無明、無明煩悩ともいう。

真理（ありのまま）に目醒め、あるがままの真如実相（真如そのまま）、真如法身を知ることを真如門という。

人間には、意識、物事に気づく心の働きがある。知、情、意を含めた精神作用、自覚作用である。救命現場では「意識」を生存の第一、最初に確認する。

眼、耳、鼻、舌、身とならぶ六識の意根は認識の働きをなす、思考機官、心である。唯識などの八識家では第七末那識をいう（『唯識二十論』）。

何かをしようとする意志（心の願い、望み）、ある目的を達するために念願することも意の機能である。意識は、過去の追憶、未来の予想ができる。意によって執着も生ずる。心は、いろいろと自力のはからいを思うからである。人間は、身体と心をもつ心身一如の存在なのである。

「浄土願生」を思い、お浄土という苦のない世界を願望する。東京駅に行くことを願えば東京駅にやがて近づき、東京駅にいることになる。「果報は寝て待て」（幸運はあせらずに待っていれば必ずやってくる）というが、家宝ではない目的地をめざすことになる。目的地をめざせば「願生」も可能であるが、眠っていては目的地到着は難しい。

目醒めた者として般若の智慧を身につけて道標をめざす一向専心が大切であることは申

すまでもないことである。

煩悩は、修行の妨げになる。目を醒まさないといけない。台湾などで高僧が無常迅速（死の訪れが早い）であると夜も休まず時を惜しんで座禅を組んで禅定、悟りをめざす高僧におめにかかったことがある。

## ㈦往生の承認

往生というと、この世を去って極楽に生まれること、往生際がよかったなど死ぬことを意味すると理解されることが多い。

極楽浄土に往生する因としての業は、ひとえに念仏を根本となす「往生之業念仏為本」、往生一定である。堅固な信念を得て阿弥陀仏の浄土に往生する阿弥陀仏の願力によって極楽浄土に生まれるその決定は、死後なのか現世でなのか、これは一大事であろう。

阿弥陀仏を念じ、極楽浄土に生まれる私たちの念仏道、それは、念仏を称える衆生を、阿弥陀如来が親が子を思うがごとく本願力廻向によって極楽に導く。その信仰の道は「不来迎の談、平生業成の義なり」と蓮如上人は『御文（章）』で語る。臨終に仏が迎えに来ることを待ち望まない。来迎を待たず平生業成である。

蓮如上人は、念仏の行者はすでに救われている。来迎を期するは諸行の機にとってのこと、信心の行者は「一念発起」にて摂取せられると、平常のときにおいて浄土に生まれる業が成立し終わっている（平生業成）。浄土に往生し得るための因は、平生の生活のうちに定まっている。平常の生活において阿弥陀仏の誓いを信ずることによって、すでに救いが約束されている。念仏する人を臨終のとき、仏・菩薩が浄土から迎えに来ることによって、浄土に生まれることが決定するというのではなく、臨終を待たず、平生において信心の発るとき、立ちどころに「即得往生住不退転」になると信の一念の大切さを諭す。生きている間に「正定聚不退転」の位に住し、現世に正定聚位に住する。

必ず仏果を得る、定まっているという信仰の構造論理である。

弥陀の本願を信知することにより、凡夫の私たちにも阿弥陀様の親心にて往生が約束される。それは私たち凡夫の手柄ではなく阿弥陀如来の救済のお慈悲の賜であると、他力廻向が展開されるのである。それはいってみれば如来等同、弥勒等同といわれる「極楽往生の生前許可」であり、その本願力廻向は、人生には終焉があり臨終もあるから「来生往生の許可」「極楽往生生前許可」であるともいえよう。

「生ある者は必ず死に期し、盛んなる者は必ず衰うならいなり」（蓮如『御文（章）』）。釈尊は「生老病死」と人間の四つの尊い真理を語られたが、生あるものはやがて老い、患い、命終を迎える。それは自然の法則（自然法爾）である。

後の世に極楽に生まれることは「後生の一大事」であり、後生菩提、後生の安楽と後生も大事であることは間違いない。人間の一生は、ただ夢幻のごとくつかの間のことであり、後生こそまことに永世の楽果であるといわれるとおり、現存在、現世において往生の承認が得られれば、来世往生の許可と連動し、極楽往生生前許可になるのではなかろうか。

考えてみると、親鸞聖人の救済論は、人がこの世で生きている間に展開される生の哲学であり、人生哲学である。死後の哲学ではないと考えられる。

信仰心の立場から往生決定の人はどのような人であろうか。逆に勘気（かんき）（主君や親のとがめ）、勘当（かんどう）（罪を勘（かんが）えて法に当てはめる）、処罰、破門もある。実悟の『本願寺作法之次第』に「いかなる大罪のものも本願寺の坊主のゆるさるれば仏に成とて、侘（わび）ごとを申てこれを後生の御免許と申」という京都での風聞があったことが見える。『天文日記』に、加賀松任本誓寺など四十人が一度に勘気をとかれ、後生御免をうけたことがみえている（天文二十〈一五二三〉年二月二日条）。往生決定の人、往生許可の人たちはどのような人であろうか。

一、誉められる信心決定の人とはどのような人か。生前法名授与、在俗の男女が帰敬式、剃髪の儀（おかみそり）、法名を受ける。信心決定の人。

一、三宝（仏・法・僧）に帰依し、敬い信仰し、安心立命を得た人。本願招喚の勅命、仏の教えに帰順する、自ら仏に帰依する（自主性、主体性）。帰命無量寿覚、南無阿弥陀仏と礼拝する人たち。

一、聞信歓喜の人。教えを聞いて疑いなく信ずる。教えを聴聞する。耳が聞こえるうちに聞く。「聞其名号信心歓喜」阿弥陀仏の名号を聞き、疑いなくそのいわれを信じて浄土往生を喜ぶ。

聞光力、智慧（光明）の威力を聞いて信ずる。阿弥陀仏の威神力、救済を信ずる。聞名、阿弥陀仏の名号のいわれを聞く。自我、自分の主張、我見に執着せぬこと。唯物論者、思いやりの心なきエゴイストをほめたたえることはない。

一、初心を忘れず夢、希望を貫く人。

一、正定聚不退の位に住する信念、骨のある人。

一、妙好人、すぐれた篤信者。弥陀一仏の信仰が決定し仏を讃め嘆え、報恩謝徳の心のある信仰心のある人。歓喜地に住する人。善因善果（よい行いは楽しい結果を招き、悪因は悪果を導く。人は生まれでなく行いによって価値が決まる。地獄行き、極楽行きがあり、生き地獄や喜びのある人生、歓喜地もある）。

一、思いやりの心なき十悪の人は、殺生（殺人も含む）、偸盗（盗み）、邪婬、妄語（偽り）、綺語（ざれごと）、悪口、両舌（二枚舌）、貪欲、瞋恚、愚癡の人。それはほめられる行為ではなく、むしろお咎めをうける行為であるが、廻心懺悔によって救済も約束される。

殺人や人を傷つける行為、盗みや痴漢、覚醒剤などの麻薬類は社会生活においてはほめられる行為ではなく、宗教生活以前の問題であることは申しておいてよいであろう。

出世間の立場では仏法を本として如来の救済を仰ぐが、世間に処するには「王法為本」、王の統治する国家の法にしたがうを第一とし、人道を実践すべきである。「仁義為先（じんぎいせん）」と内心には深く他力の信心をたくわえ、世間に処するには王法を守って国憲にしたがうべしという。

『観無量寿経』には、頻婆沙羅（びんばしゃら）王の夫人で阿闍世（あじゃせ）の生母韋提希（いだいけ）の王舎城の悲劇が語られる。阿闍世が父王を幽閉し王位を奪おうとしたとき、韋提希は体に蜜を塗って面会し、ひそかに王の飢えを満たす。これを知って阿闍世は韋提希をまた牢獄に入れ、ついに王を餓死させる。韋提希は母親としての苦悩を釈尊に教えを乞い、その実存的苦悩に極楽を見せ、『観無量寿経』には他力念仏の教えが説かれている。

親の首をもって警察に出頭する子どもが話題になる現代社会。㈠父を殺すこと㈡母を殺すこと㈢阿羅漢を殺すこと㈣仏身より血を出すこと㈤仏教教団の平和を乱すこと、の五つの罪悪を五逆罪とし「五逆と誹謗正法とをば除く」と五逆罪の罪の重大さを諭している。善導は『観経疏散善義』にて『無量寿経』に五逆・謗法を除くとあるのは、罪の重大さを知らしめて衆生を抑止する意であり、決して摂取しないのではないと語る。

親鸞聖人もまた『教行信証』信巻で「難化の三機（救い難い三種類）、難治の三病は大悲の弘誓を憑み、利他の信海に帰すれば、これを矜哀して治す、これを憐愍して療したまう」と論じ、いかなる重罪大逆の衆生も、阿弥陀仏の本願力を信受するとき往生を得られるとしている。

## 親鸞聖人の念仏信仰

南無阿弥陀仏。私たちは日頃念仏をし合掌礼拝をする。阿弥陀仏に南無したてまつる。南無は手を合わせる合掌である。

南無は帰依、絶対の帰順、すぐれた者に帰順しよりすがること。仏法の基本である仏・法・

僧の三宝を敬うことである。

阿弥陀仏は梵名アミターバ（Amitābha）、無量光とアミターユス（Amitāyus）、無量寿である。阿弥陀仏は西方極楽世界の教主である。amita（無量）を阿弥陀と音写し、光明と寿命の無量による阿弥陀と名づけている。

大経には無量寿仏を十二光仏と名づける。阿弥陀仏の光明の徳を讃える十二光である。

(1)無量光仏……量ることのできない光。光明の数の多さが数えられぬ。

(2)無辺光仏……限りのない光。十方を照らして際限がないこと。縁として照らさないところがない。

(3)無碍光仏……何ものにも遮られない光。十万億の世界の多くの山を徹照し、衆生の煩悩悪業に遮られずに念仏衆生を摂取する功徳。

(4)無対光仏……ならぶもののない光。菩薩の及ぶところでない。

(5)燄王光仏……この上もない光。火の盛んに燃えるさまに喩える。光明自在でこの上もない。

(6)清浄光仏……きよらかで清める光。淫欲、財欲の罪を除く功徳。無貪の善根から現れ衆生の貪濁の心はない。

(7)歓喜光仏……やすらぎとよろこびを与える光。衆生の瞋恚憎嫉の罪を除く功徳。無瞋の善根から現れ、衆生の顚恚心を除く。

(8)智慧光仏……迷いをやぶる悟りの光。愚癡をはなれさせる功徳。無癡の善根から起こり、衆生の無明を除く。

(9)不断光仏……常に普く照らす光。常光がつねに照らして利益する。

(10)難思光仏……思いはかることができず心の及ばぬ光。二乗の測るところでない。

(11)無称光仏……説きつくすことができず言葉も及ばぬ光。四乗などでは説くことができぬ。

(12)超日月光仏……日、月に超えすぐれた光。日光などは娑婆の部分を照らすだけであるが、弥陀の光明は一切を照らす。

不可思議光如来、尽十方無碍光如来ともいう。不可思議光如来は不可思議、つまり心で思いはかることも語でいい表すこともできない。不思議、難思議の仏を意味する。尽十方無碍光如来は、阿弥陀仏のこと。論には帰命尽十方無碍光如来といへるなり、と真仏の名であるという。

阿弥陀仏は智慧の光にておはしますなり、このひかりを無碍光仏とまふすなり、無碍光とまふすゆへは、十方一切有情の悪業煩悩のこころにさえられずへだてなきゆへに無碍とはまふす也、弥陀の光の不可思議にましますことをあらはししらせんとて帰命尽十方無碍光如来とはまふすなり。

阿弥陀仏のことである。われわれの能力で思いはかることができない思弁を超えた力、本願招喚の勅命、本願力による呼び声であろう。それが南無阿弥陀仏であろう。

親鸞聖人文応元（一二六〇）年の著『弥陀如来名号徳』一巻には、阿弥陀仏の十二光に解脱し帰命尽十方無碍光如来と南無不可思議光仏、仏の名号の徳を述べている。

　无量光といふは、『經』（觀經）にのたまはく、「无量壽佛に八万四千の相まします、一一の相におの〳〵八万四千の随形好まします、一一の好にまた八万四千の光明まします、一一の光明遍二照十方世界、念佛衆生攝取不レ捨」といへり。……この光明のかずのおほきによりて、无量光とまふすなり

　次に无邊光といふは、かくのごとく无量のひかり十方をてらすこと、きわほとりなきによりて、无邊光とまふすなり。

　次に无碍光といふは、この日月のひかりは、ものをへだてつれば、そのひかりかよはず、この彌陀の御ひかりはものにさえられずして、よろづの有情をてらしたまふゆ

えに、无碍光佛とまふすなり。有情の煩悩悪業のこゝろにさえられずましますにより て、无碍光佛とまふすなり。无碍光の徳ましまさざらましかばいかゞし候はまし。かの極樂世界とこの娑婆世界とのあひだに、十万億の三千大千世界をへだてたりととけり。その一一の三千大千世界におの〳〵四重の鐵圍山(てちいせん)あり、たかさ須彌山(しゅみせん)とひとし。次に少千界をめぐれる鐵圍山あり、たかさ第六天にいたる。次に中千界をめぐれる鐵圍山あり、たかさ色界の初禪にいたる。次に大千界をめぐれる鐵圍山あり、たかさ第二禪にいたれり。しかればすなはち、もし无碍光佛にてましまさずば、一世界をすらとほるべからず、いかにいはむや十万億の世界をや。かの无碍光佛の光明(こうみょう)、かゝる不可思議のやまを徹照して、この念佛衆生を攝取したまふに、さわることましまさぬゆへに无碍光とまふすなり。

次に清浄光とまふすは、法藏菩薩貪欲のこゝろなくして、えたまえるひかりなり。貪欲(とんよく)といふに二つあり、一には婬貪(いんとん)、二つには財貪(ざいとん)なりこのふたつの貪欲のこゝろなくしてえたまへるひかり也。よろづの有情の汚穢不浄をのぞかむための御ひかり也、婬欲・財欲のつみをのぞきはらはむがためなり。このゆへに清浄光とまふすなり。

次に歡喜光といふは、无瞋(むしん)の善根をもてえたまへるひかり也。无瞋といふは、おもてにいかりはらだつかたちもなく、心のうちにそねみねたむこゝろもなきを无瞋といふ也。このこゝをもてえたまへるひかりにて、よろづの有情の瞋恚憎嫉(しんいぞうしつ)のつみをのぞきはらはむために、えたまへるひかりなるがゆへに、歡喜光とまふすなり。

次に智慧光とまふす、これは无癡の善根をもてえたまへるひかり也。无癡(むち)の善根といふは、一切有情、智慧をならひまなびて、无上菩提にいたらむとおもふこゝろをおこさしめむがためにえたまへるなり。念佛を信ずるこゝろをえしむるなり、念佛を信ずるは、すなわちすでに智慧をえて、佛になるべきみとなるは、これを愚癡をはなるゝことゝしるべきなり。このゆへに智慧光佛とまふすなり。

次に无對光(むたいこう)といふは、彌陀のひかりにひとしきひかりましまさぬゆへに、無對とまふすなり。

次に炎王光(えんおうこう)とまふすは、ひかりのさかりにして、火のさかりにもえたるに、たとえまいらするなり。火のほのおのけむりなきがさかりなるがごとしと也。

次に不斷光(ふだんこう)とまふすは、この光のときとしてたへずやまずてらし（以下脱葉）

ちにておはしますひかり也。超といふは、この彌陀の光明は、日月の光にすぐれたまふゆへに、超とまふすなり。超は餘のひかりにすぐれこえたまへりとしらせむとて、超日月光とまふすなり。十二光のやうおろ〳〵かきしるして候也。くはしくまふしつくしがたく、かきあらはしがたし。

阿彌陀佛は智慧のひかりにておはしますなり。このひかりを无碍光佛とまふすなり。无碍光とまふすゆへは、十方一切有情の悪業煩惱のこゝろにさえられず、へだてなきゆへに无碍とはまふす也。彌陀の光の不可思議にましますことをあらはししらせむとて、歸命盡十方无碍光如來とはまふすなり。无碍光佛をつねにこゝろにかけ、となえたてまつれば、十方一切諸佛の徳をひとつに具したまふによりて、彌陀を稱すれば功徳善根きわまりましまさぬゆへに、龍樹菩薩は（十二禮）「我説彼尊功徳事、衆善无邊如海水」とおしえたまへり。かるがゆへに不可思議光佛とまふすとみえたり。不可思議光佛のゆへに盡十方无碍光佛とまふすと世親菩薩は『往生論』にあらはせり。阿彌陀佛に十二の名まし（以下脱葉）

難思光佛とまふすは、この彌陀如來のひかりの徳おば釋迦如來も御こゝろおよばずとときたまへり、こゝろのおよばぬゆへに難思光佛といふなり。

次に无稱光とまふすは、これもこの不可思議光佛の功徳は、ときつくしがたしと釋尊のたまへり、ことばもおよばずとなり、このゆへに无稱光とまふすとのたまへり。しかれば曇鸞和尚の『讃阿彌陀佛の偈』には、難思光佛と无稱光佛とを合して、南無不可思議光佛とのたまへり。……

たゞ他力の信心によりて、不可思議光佛の土にはいたるとみえたり。かの土にむまれむとねがふ信者には不可稱不可説不可思議の徳を具足す、こゝろもおよばれず、ことばもたえたり、かるがゆへに不可思議光佛とまふすとみえたりとなり。

南無不可思議光佛

愚禿親鸞八十八歳書了

とある。(『真宗聖教全書』二、七三三～七三八頁)

「光如来とまふすは阿弥陀仏なり、この如来はすなはち不可思議光仏とまふす。この如来は智慧のかたちなり」(『尊号真像銘文』)。

阿弥陀仏のことを親鸞聖人は『御消息集』に、

「如来の御本願」(『御消息集』一)

「念仏往生の本願」(『御消息集』三)

「弥陀の選択本願は行者のはからひのさふらはねばこそ、ひとへに他力とはまふすことにてさふらへ」(『御消息集』三)

と弥陀の選択本願を述べ、

「いままうあひがたき弥陀の御ちかひにあひまいらせてさふらふ」(『御消息集』四)

「仏法をふかく信ずる人をば、天地におはしますよろづのかみは、かげのかたちにそへるがごとくしてまもらせたまふことにてさふらへば、念仏を信じたる身にて、天地のかみをすてまふさんとおもふこと、ゆめ〳〵なきことなり」(『御消息集』四)

「弥陀の御ちかひは煩悩具足のひとのためなり」(『御消息集』四『真宗聖教全書』二、七〇〇・七〇一頁)

と弥陀のおちかいをいう。『末灯鈔』には、「弥陀仏の御ちかいを法蔵菩薩われらに廻向したまへるを往相の廻向とは申すなり。」

念仏往生の願であるとする。

安樂淨土にいりはつれば、すなはち大涅槃をさとるとも、また无上覺をさとるとも、滅度にいたるともまふすは、御名こそかはりたるやうなれども、これみな法身とまふす佛のさとりをひらくべき正因に、彌陀佛の御ちかひを、法藏菩薩われらに廻向したまへるを、往相の廻向とまふすなり。この廻向せさせたまへる願を、念佛往生の願とはまふすなり。この念佛往生の願を、一向に信じてふたごゝろなきを、一向專修とはまふすなり。如來二種の廻向とまふすことは、この二種の廻向の願を信じ、ふたごゝろなきを、眞實の信心とまふす。この眞實の信心のおこることは、釋迦・彌陀の二尊の御はからひよりおこりたりとしらせたまふべし。あなかしこ〳〵。（『末灯鈔』二十二）

法藏菩薩の誓願とは何であろうか。

法蔵（Dharmākara）については、『大経』に「ある国の王が王位を捨てて沙門となり法蔵比丘と号して世自在王仏のもとで、諸仏の浄土の因を都見し、五劫の間思惟して四十八願を選びとる。兆載永劫にわたる修行の結果、十劫の時を経て無量寿仏となり、現在西方の安楽世界に在します」と説く。

仏・菩薩が因位において起こす願は、本来の使命とする根本的な願いである。阿弥陀仏の四十八願を指して本願といい、その第十八願を本願の中の王、王本願という。

親鸞聖人は、本願のはたらきを本願力といい、本願の広大無辺であらゆる者を救うのを海に例えて「本願海」「本願一乗海」といい、本願は絶対真実の道である、本願一実の大道といった。四十八願は、一言でいえば南無阿弥陀仏の心であろう。

如来の本願真実にましますを、ふたごころなくふかく信じてうたがわざれば信楽とまふすなり。……この至心信楽はすなわち十方の衆生をして、わが真実なる誓願を信楽すべしとすゝめたまへる御ちかひの至心信楽なり、……名号をとなえむことをすゝめたまふ（『尊号真像銘文』）

親鸞聖人は「阿弥陀仏といふは梵語なり。これには無量寿ともいふ。无碍光ともまふし候」。『末灯鈔』に、「弥陀の本願」「誓願不思議」「弥陀他力の廻向の誓願にあひたてまつりて真実の信心をたまはりてよろこぶ」（『末灯鈔』十八）、「仏智不思議と信ずる」（『末灯鈔』十）とし、「自然法爾事(じねんほうにのこと)」を語る（『末灯鈔』五）。

自然といふは、自はをのづからといふ、行者のはからひにあらず、然といふはしからしむといふことばなり。しからしむといふは行者のはからひにあらず、如來のちかひにてあるがゆへに法爾といふ。法爾といふは、この如來の御ちかひなるがゆへにしからしむるを法爾といふなり。法爾はこの御ちかひなりけるゆへに、をよす行者のはからひのなきをもて、この法の徳のゆへにしからしむといふなり。すべてひとのはじめてはからはざるなり。このゆへに義なきを義とすとしるべしとなり。自然といふは、もとよりしからしむるといふことばなり。彌陀佛の御ちかひの、もとより行者のはからひにあらずして、南无阿彌陀佛とたのませたまひてむかへんと、はからはせたまひたるによりて、行者のよからんとも、あしからんともおもはぬを、自然とはまふすぞときゝてさふらふ。ちかひのやうは、无上佛にならしめんとちかひたまへるなり。无上佛とまふすは、かたちもなくまします、かたちもましまさぬゆへに自然とはまふすなり。かたちましますとしめすときには、无上涅槃とはまふさず。かたちもましまさぬやうをしらせんとて、はじめて彌陀佛とまふすとぞきゝならひてさふらふ。彌陀佛は自然のやうをしらせんれうなり。この道理をこゝろえつるのちには、この自然のことはつねにさたすべきにはあらざるなり。つねに自然をさたせば、義なきを義とすということは、なを義のあるになるべし。これは佛智の不思議にてあるなるべし。

正嘉貳年十二月十四日

愚禿親鸞八十六歳

八十六歳の宗教的真理、老境を語る。

法そのものを身とする法身は、色もなく形もなく真実そのものである。仏の宇宙身、宇宙の存在の一切を貫いている絶対の理法であろう。救いの道理、法則である。

如來の本願を信じて一念するに、かならずもとめざるに无上の功德をえしめ、しらざるに廣大の利益をうるなり、自然にさまぐ〵のさとりをすなわちひらく法則なり。法則といふは、はじめて行者のはからひにあらず、もとより不可思議の利益にあづかること、自然のありさまとまふすことをしらしむるを法則とはいふなり、一念信心をうるひとのありさまの自然なることをあらわすを法則とはまふすなり。

（『一念多念文意』『真宗聖教全書』二、六一一頁）

本願の業因にひかれて自然に安楽にむまるゝ也。「昇道无窮極」といふは、昇はのぼるといふ、のぼるといふは无上涅槃にいたる、これを昇といふ也。道は大涅槃道也、无窮極といふはきわまりなしと也。「易往而无人」といふは、易往はゆきやすしと也、本願力に乘ずれば本願の實報土にむまるゝことうたがひなければゆきやすき也。……眞實信をえたる人は大願業力のゆへに自然に淨土の業因たがはずして、かの業力にひかるゝゆへにゆきやすく无上大涅槃にのぼるにきわまりなしとのたまへる也、しかれば自然之所牽とまふすなり、他力の至心信樂の業因の自然にひくなり、これを牽といふ也、自然といふは行者のはからいにあらずとなり。（『尊号真像銘文』廣本、『真宗聖教全書』

六八〇～六八一頁）

「ひとすじに弥陀仏を信じたてまつる本願の行者は、本願業力によって本願の業因にひかれて自然にむまる、也。……本願力の乗ずれば本願の實報土にむまる、ことうたがひなければゆきやすき也」。本願の名号を信ずべし、如来のおはからいにて往生するよしと、自然の法則、宇宙の理法を語る。

生死無常のことわりも自然の法則であるが、桃栗三年柿八年の念ずれば花開く念願成就の理法も行者のはからいにあらぬ、自然のありさま、法則であるという。

私たちは、本願力に乗托して本願業力（威神力、霊能）によって真実報土に生まれること疑いなし、と、信仰心を述懐する。ここに親鸞聖人の自然法爾の信仰があろう。

私たちは念ずることによって念願が成就し、実りある人生の結果が獲得される。一年の計は元旦にあり、一年の計画、夢、すなわち願生浄土は、やがて念願が成就する、そのことを表しているのである。

## 親鸞聖人のお浄土詣り

恵信尼の覚信尼宛の現存する手紙『恵信尼消息（文書）』十一は、恵信尼公七十五歳から始まる。

ひどい不作で越後の生活は楽ではなく、体調を崩したり、下人たちの家族問題があったりしたことが手紙に書かれている。子供や孫の生活に気遣いつつ、一族の長としての役割を果たす恵信尼公が見られる。

恵信尼公八十一歳の時、親鸞聖人は命終を迎える。

親鸞聖人は、一二六二（弘長二）年、十一月二十八日、京都押小路南、万里小路東の弟の尋有の屋敷で臨終を迎えた。

尋有は、日野有範の第二子で天台宗の僧であり、親鸞の弟である。幼くして比叡山にて出家し、権少僧都となり、東塔東谷の善法院院主となった。さらに根本中堂の執行という常行堂の検校を兼ねていた。

親鸞聖人逝去の地は、尋有の里坊の善法院であった。枕元には末娘の覚信尼を始め、息子の益方、弟の尋有、門弟の下野国高田の顕智や遠江国の専海がつきそっていた。「益方も御臨終にあいまいらせて候いける、親子の契りと申しながら、深くこそおぼえ候えば、うれしく候〳〵」。「目もみえず候。なにごともみな忘れて候」（『恵信尼文書』）。

正嘉元（一二五七）年、八十五歳の親鸞聖人の書状には、老境に入り、身体も衰えを見せていることがうかがえる。平均寿命人生五十年にも達せぬ鎌倉時代の物語、人生論である。

親鸞聖人は、文永元（一二六〇）年、八十八歳にいたるまで、なお筆硯を絶たず、自らの著述もし、他者の著書を筆写し、東国の門弟に消息（手紙）を送っている。その筆勢は衰えを見せていない。

正嘉元（一二五七）年正月、八十五歳にて、法然上人遺文集『西方指南抄』の書写校合を、数ヶ月かけて書写している。コピーや印刷技術のない時代である。翌一二五八年、八月には法然上人の『三部経大意』を写し、さらに翌年には、和字『選択集』を書写している。晩年にいたっても、恩師法然上人に対する敬慕の念は、建仁の入室以来、生涯一貫している。

文応元年十一月十三日、乗信に送った書状には、「なによりも、こぞ、ことし、老少男女おほくのひと〴〵のしにあひて候らんこそあはれにさふらへ」と、昨年来、東国、近畿ともに、飢饉疫病が相続き、天下の死者がすこぶる多く、東国の門弟や親鸞聖人の側近に罹災する者がいたことが知られる。

覚信尼（一二二四〜八三）は親鸞の娘であり、王御前といわれ、母は恵信尼公である。元仁（一二二四）年、聖人五十二歳のときに誕生した末子である。

親鸞聖人とともに関東より京都に移り、久我通光（こがみちてる）に仕え、日野広綱（ひのひろつな）（公家）と結婚する。

広綱は父信綱（法名尊蓮）とともに洛中居住の門弟として親鸞の教えを受けた覚信尼の最初の夫であった。

覚信尼は、二十歳前後に、本願寺三世覚如の父に後になる覚恵と、一女、光玉（宰相殿（さいしょう））の二子をもうけた。光玉尼は後に善鸞の長男如信の妻となる人である。

覚信尼は若いころ、兵衛督局（ひょうえのかみのつぼね）と名乗り、久我通光の屋敷に仕えていた、いわば貴族社会の一員である。通光は後に太政大臣という最高職に就任した高級貴族であった。覚信尼の最初の夫日野広綱と、後に覚信尼が再婚する小野宮禅念（おののみやぜんねん）も、貴族であったと考えられる。

母の恵信尼が離京してからは、覚信尼は聖人の側近にあって、身辺の世話をしていた。聖人の逝去、葬送の諸事も覚信尼が中心になって行った。十二月一日、覚信尼は聖人の往生を手紙に書き、恵信尼に知らせた。覚信尼は三十九歳であった。この後、小野宮禅念と再婚する。

一二七二年、禅念所有の東山大谷の地に、覚信尼は親鸞の廟堂を建立、遺骨を奉安、後に同所を譲渡され、これを関東の門弟中に寄進し、覚信尼が留守職として廟堂を守護する。廟堂の留守職は、子孫を門弟の同意のもとに任ずることと定められた。覚信尼の廟堂建立の志念は、『恵信尼文書』に少なからず感じるところがあったと思われる。

覚恵（かくえ）（?〜徳治二〈一三〇七〉四月十二日）が本願寺二代目の留守職である。母は覚信尼、父は日野広綱である。幼時に父と死別し、天台を学び、如信のもとで真宗の教義を修めた。その後、母覚信尼を助けて、大谷廟堂の建立に尽力、覚信尼の死後は廟堂の留守職となった人物である。

## 恵信尼公と孫たち

誰にとっても孫はかわいい宝である。

孫・子の代まで子孫の繁栄を願うのは、いつの時代も一緒であろう。孫は子よりもなお一層かわいい。祖父母は後裔の孫を大切にかわいがる。

八十二歳の恵信尼の手紙に、小黒女房（おぐろにょうぼう）（長女）の男女二人の子供たち（孫）を育てているとある。越後において、親鸞と恵信尼の長女小黒女房は生まれた。「益方が子どもも、ただこれにこそ候へば、何となく母めきたるようにてこそ候え」と、孫を抱え、母のようであると心境を述べている。

益方（ますかた）とは道性、俗名は有房である。恵信尼公八十三歳の手紙にも、昨年の飢饉の中で小黒女房の子どもたちや、益方の子どもを飢えさせないように必死であると、孫たちととももに過ごし、大切に飢饉から守る恵信尼公が見られる。

八十七歳の手紙には、覚信尼の子どもたちのことをいろいろ知りたいと書き送っている。覚信尼の長男（父日野広綱の子）光寿御前覚恵のことである。

覚恵の弟（小野宮禅念の子）唯善（一二五三〜一三一七）についても、「一昨年やらん生まれておわしまし候いけるとうけ給わり候いしは、それもゆかしく思いまいらせ候う」。恵信尼は、唯善にはまだ一度も会っていない。会いたい、せめて様子だけでも聞きたいという祖母の思いが語られる。

「又、宰相殿はありつきておわしまし候うやらん。よろず、公達の事ども、皆うけ給わりたく候う也」。「宰相殿」とは、覚信尼の娘、光玉尼と考えられる。恵信尼公は「宰相さんはもう結婚したか」と気にしている。

「又、宰相殿、いまだ姫君にておはしまし候やらん」。宰相さんは、まだ結婚していないのでしょうかと、恵信尼八十七歳のときの手紙でも心配している。覚信尼の娘、光玉は、如信と結婚している。

孫思いの良き御祖母、お婆さまである。恵信尼公の晩年の心情である。

この恵信尼公の存在、飢饉の中、孫たちを守りぬいた深い本質的な愛情、慈悲心が、次の世代へと重要な家系を形成していく。

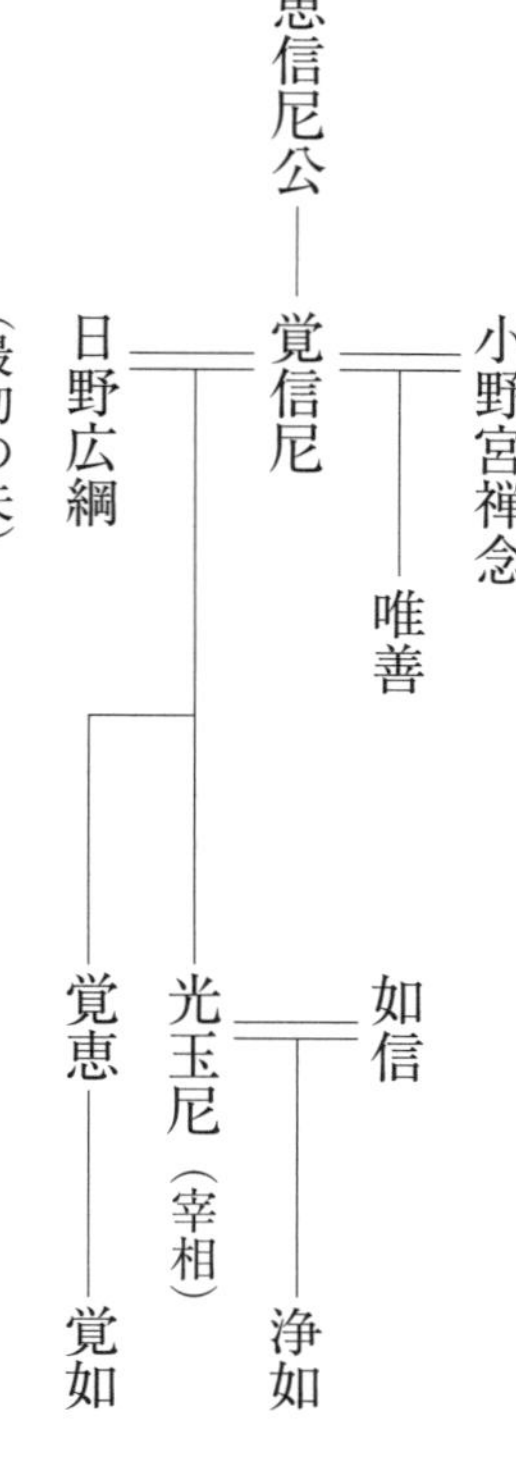


恵信尼公の末娘、覚信尼は、最初の夫日野広綱との間に二人の子どもをもうけている。一人は覚恵（光寿）であり、尊助、如信を師と仰いだ。覚恵は幼時に父広綱と死別したため、後に京都青蓮院の尊助に師事して天台を学ぶ。如信のもとで真宗の教義を修めた。その後、母覚信尼を助け、大谷廟堂の建立に尽力し、覚信尼の死後、廟堂の留守職となった。

もう一人の娘、光玉尼は、本願寺二世を継いだ如信（一二三五もしくは一二三九〜一三〇〇）

の妻となっている。とすれば、いとこ同士の結婚である。今日では血縁が濃く、障害児誕生の危険性もなきにあらずと認識されている。必ずしも血縁結婚が否定されることなく、皇室などではよく行われた。

如信は、善鸞（親鸞の子）の長男である。幼少より祖父親鸞のもとで浄土信仰を身につけ、深く信仰した。

一二五一年ごろから関東の弟子たちの間に異変が発生したため、一二五三～一二五四年ごろ、親鸞の代理使者として、父善鸞とともに関東に出向いた。

一二五六年、善鸞は親鸞から義絶されるが、如信は父とともに関東での生活を続けていた。

一二七七年十一月、報恩講参詣に上洛し、叔母覚信尼から、下人びわ女を預かり、十年後の一二八七年、再度上洛の際には本願寺三世覚如に会い、宗義を伝授したといわれる。

一二九〇年、父覚恵とともに関東を巡拝した覚如に、相模の山中で再開。一二九一年、覚如は如信の画像を作成し、銘文を自書して対面を喜んだ。後に、陸奥大綱東山に住して、布教活動を行い、多くの念仏者門弟を得た。

一二九九年、常陸金沢の門弟重善の招きにより、金沢の草庵に住んだ。

生涯の大半を関東で過ごしたこともあって、本願寺の寺務（法務）に携わることはなかったが、覚如が、親鸞—如信—覚如と血脈相続による正統性を説いたことから、本願寺二世に数えられている。

親鸞聖人と恵信尼公の末娘覚信尼の再婚相手（夫）は禅念で、公家の中務家の出身である。覚信尼と結婚し、間もなく唯善が誕生する。大谷廟堂が建立された地所の本来の所有者であったが、一二七四年、覚信尼に譲渡した。後年、この地をめぐり、覚恵（最初の夫広綱の長男）と対立し、唯善は禅念の実子であることを理由に、大谷廟堂の所有権を主張した。

唯善は覚恵の招きで京都大谷に居住したが、大谷廟堂の敷地の相続権を巡って覚恵と対立して訴訟を起こし、敗訴することになった。この際、大谷の堂舎は破却され、親鸞の影像と遺骨も奪われた。この事件により、関東の門弟が大谷廟堂に対し不信感を持つようになった。唯善は敗訴後、関東に下り、常敬寺の開基になった。

異父母間の争いは、いつの世にも常にあるお話のようである。

覚信尼も光玉尼の夫如信を気に入っていたらしい。如信は妻を迎え、数人の子をもうけた。子沢山のためか、関東の如信の生活は楽ではなく、覚信尼は下人のびわという若い女性を如信一家に貸し与えている。「びわ女預状」（西本願寺所蔵）には、「おほたにどの（覚信尼）より、とし十六になり候びわをんな、あづかりまいらせ候ぬ」。如信はこのとき、四十三歳であった。

覚如（一二七〇〜一三五一）は、十八歳のとき、報恩講参詣に上洛した本願寺二世、親鸞の教えを忠実に守ろうとした如信と会い、真宗の要義を伝授され、如信の門弟となった。少年のころより詩歌に親しみ、法然の弟子隆寛（りゅうかん）の教えを受けた澄海（きょうかい）、園城寺（三井寺）の浄珍（じょうちん）、興福寺一乗院の信昭（しんしょう）らについて、天台学や倶舎論の教義を学び、一二八六年、興福寺一乗院覚昭のもとで得度受戒し、法相唯識学を学んだ。

大谷廟堂の寺院化、真宗の本寺化を計り、本願寺号の公称をなしとげ、親鸞—如信—覚如の三代伝授説を主張し、親鸞の正統な後継者であることを訴え、教団の発展を方向づけた。『報恩講式』『親鸞伝絵』『執持鈔』などの著述がある。

## 第九通

好便（こうびん）のあるのが嬉しくて、おたよりします。たびたび好便のあるおりは、おたよりしましたが、届きましたでしょうか。

今年は八十三になりますが、去年・今年あたりは死に年（しどし）ともうしますから、どんなことも、いつもお話しをうけたまわりたいと思いますけれども、確かな便もありません。

さて、生きているうちにと思いまして、五重で七尺になる石の塔を誂えておりましたところ、やり始めるようなことを申しますから、今はもといたところなどを離れ、下人たちもみな逃げうせてしまい、万事に頼りになる者もありませんけれども、生きているときに建ててもみたいと思いまして、このほど「やりだしましたから、そちらへ運ぶほどになりました」というのを聞きましたから、なんとかして、生きているときに建ててみたいと思いますが、どのようになりますか。そのうちに、なんとかなるものなら、子供にも建てていただきたいものと思っております。

なにかにつけて、生きている間は、いつもお話しをうけたまわりたい、と思いますけれども、はるばる遠い雲のかなたのことでありますから、親子の契りも心がこもらないようにさえ思われます。ことにあなたが末っ子でいらっしゃるからかわいそうなことと思っておりましたけれども、お遇いいたしますまで生きてはおりますまい。いつもお話しをうけたまわる機会さえないのです。本当に心苦しく思っております。

五月十三日

いずれにせよ、そちらへお譲りすることになっていた下人たちのうち、もとからいましたけさという者も、娘が亡くなりました。いま彼女の娘が一人おります。娘の母（けさ）も病身です。さて以前おとほうしと申した者は成人してとう四郎と申します。また女の子でふたばと申します今年十六になります娘には、そちらに参るように申しつけてあります。すべてのことをお手紙に書き尽くすことは難かしいものですから、これで筆を止めました。

またもとからいましたことりには、七つになる子を養わせております。

五月十三日　　（花押）

これは確かな便(びん)であります。

ところで、細かにいろいろ申したいのですが、今すぐ発つということで、この手紙を急(せ)きますので、細かに書くことはできません。

またえもんにうどう殿が親切にお言葉をかけてくださった、と思って、お礼を申しております。

この便は確かなものですから、すべてのことを細かにおっしゃってください。

かしこ

八十三歳のおたよりには「去年・今年あたりは死に年」と、人間の定業を語る。生きている限り死を迎える時期が決定している決定業と理解して、どうしたらその死を乗り越えることができるのであろうか。

命が終われば「安養の浄土、無為涅槃界」に往生する。阿弥陀仏の浄土である極楽浄土に往生の素懐を遂げる。生死無常の世界に安心して死を超えていく。死なぬうちにお助けがある。すなわち、阿弥陀如来の本願の思し召し、現生正定聚（げんしょうしょうじょうじゅ）の実存がある。不来迎の談、平生業成である。

現世で受ける十種ご利益のひとつに入正定聚の益があり、阿弥陀仏を信ずる者は現生においてニルヴァーナに入ることがまさに決定していて、悟りを得る、涅槃に到る、仏になることが確定している、往生人たちである。

衆生は三種類に分けることができる。

一、邪定聚の人、悟ることのない衆生は、機（衆生が阿弥陀仏をたのむ信心）、法（その衆生を助ける仏力）、因果（事象を成立せしめる原因と結果）ともに、よこしま（邪悪で正しくなく、観想にふける人たち）である。阿弥陀仏の本願によらない、往生し難いさまざまな仏道修行（雑善）を修し、自ら行じた諸の善根によって往生しようとする。第十九願の機、万行自力の往生、観経往生の説の人たちであろう。

二、不定聚は正とも邪とも決定されていない人々であり、悟りの世界に安住することなく、縁次第で迷悟いずれにでも向かうともがら、まだ未来にいかなる趣に至るか定まっていない。自力の念仏によって往生を願う。第二十願の機であり、第二十願にもとづき、自己の力によって唱えた念仏の徳によって浄土に生まれようとする。

往生の定まらぬ者であり、自力──自分の力、自己の智恵、分別の力、内の力、自分の修めた小善、自身の修行の力を廻向する自力作善──の念仏者である。自らの力で悟りを開くことができると、善行を積み、修行をするその人たちでもある。

三、正定聚位の人は、存在の最も本質的な在り方であるが、生きていくうちに仏と等しい悟りを得、来迎を待たずして自然に往生する。親鸞聖人は三願転入をお示しになられたが、不来迎の談、平生業成である本願の思し召しにより、現生正定聚に住し、現世にて助かった者が往生する。自然法爾の思想である。自然に往生する決定往生、即得往生の信仰であった。

安楽国をねがふひと
正定聚にこそ住すなれ
邪定・不定聚くにゝなし
諸仏讃嘆したまへり（親鸞『浄土和讃』）

身心安楽なる境地であろう。

経済的生活は、餓死も現実の社会生活であるが、精神的に安楽涅槃がある。惛沈（こんじん）・掉挙（とうこ）という仏教語がある。心がめいり、重く沈み溺れる。ふさぎ込む、心の憂うつが見られる。掉挙は心が落ち着かず、ふわふわしている。仏教の光りに巡り合うと心身安楽になって、惛沈・掉挙の浮沈からまぬがれる。心に歓喜があり、信心が決定している。

八十三歳の恵信尼公には、七尺の五重塔を生きているときに建ててみたい、何とか生きているときに建ててみたいと『恵信尼文書』第八通に語る。

尺貫法における一尺は一メートルの三十三分の一の長さ、丈であり、七尺の塔は二メートル三十センチくらいの高さである。

起立（きりゅう）（建設すること）、塔像（舎利塔・仏像）、七尺の五重の塔をつくり、入仏式をし、念仏を唱えることは、菩提心すなわち大乗の道心、悟りを求めて世の人を救おうとする道心、無上道心を起こすことである。

浄土の大菩提心は
願作仏心をすゝめしむ
すなはち願作仏心を
度衆生心となづけたり（『正像末和讃』）

願作仏の心はこれ
度衆生のこころなり
度衆生の心はこれ
利他真実の信心なり（『高僧和讃』天親讃）

## 第十通

好便のあるのが嬉しくて、おたよりします。

さて、去年の八月ごろより、吐き気のする腹工合で体がすぐれず、ことあるごとによくもならないので、それが煩わしいのですけれども、そのほかは歳のせいですので、今は耄碌してとてももとのようではありません。今年は八十六になりました。寅の年の生まれですから。

またそちらにお譲りしました者たちもいろいろと変りまして、ことりは年配で、三郎たと連添っていましたが、その男は入道になりまして、さいしんと申します。この入道の血縁関係にあるひとのなかで、うまのじょうとか申す御家人の娘の、今年十とかになる子を、ことりは養っております。この子の母はかかと申しましてまことにおとなしく、召し使っていましたところ、去る熱病の流行した年に死にました。母親もいないので、ことりも子供がいないものですから、そこでことりにこの子を預けたわけです。

また、けさの娘のなでしは、まことに好い女でしたが、これも熱病で亡くなりました。その母は生きていますものの、この年来、頭に腫物がずっとできていますので、いつ果てるともわからないと申しています。頼みとはできません。その娘が一人おりますが、今年二十になります。このことりと、それにい□くがおります。

また、そちらに上洛しましたとき、おとほうしと申しましたが、今はとう四郎と申す者は、またそちらに参上させたいと申しましたところ、「父母を捨てては参るまい、と心に誓いました」と申しますけれども、それはどのようにもはからいます。このように、田舎で代りを探すよう努めてさしあげようと、くりさわ（信蓮房）が申しておりますから、話してみましょう。ただ、代りに、どれほどの者がいるものやら、と心もとなくおぼえます。彼らほどの男は誠に少ない、と申しております。

また、小袖をたびたび頂戴しましたこと、まことにうれしく、今は死に装束（しょうぞく）にいたします。頂いたもののなかに着物も入っているようですから、申しようもなく、ほんとうにうれしく存じます。今は、着古したものは、最後のときのことは別として、そのほかは気にかかりません。今は終わりのときを待つだけの身ですから。

また、確かな便のおりは、小袖をくださるよし、おっしゃっておいでのようですが、このえもん入道の便は、確かなことでしょう。

また、さいしょう殿はすっかり落ち着いておいででしょうか。いろいろ、お子たちのことなど、残らずうけたまわりたいものです。とても書き尽せませんから、筆をおきました。かしこ。

九月七日

また、わかさ殿もいまは少し年もとられたことでしょう。とても知りたく思います。年をとりますと、どうかと思って見ておりました人も、知りたい、お遇いしたい気持ちをおぼえました。かこのまえのことはお気の毒なことです。上れんぼうのことも思い出されて、知りたいと思います。かしこ。

ちくぜん

とびたのまきより

わかさ殿よりお話しになってください。

恵信尼公と親鸞聖人は、どのような夫婦生活を営んだのであろうか。

親鸞聖人三十八歳、恵信尼公二十九歳までには結婚していたといわれている。九歳年下の妻恵信尼公であり、六人または七人の子女に恵まれた。

覚信尼は、母、恵信尼四十三歳、父、親鸞五十二歳の子供である。『本願寺聖人伝絵』下には「聖人故郷に帰て……五条西洞院わたり一の勝地としてしばらく居をしめたまう」とある。

親鸞聖人一家は、寛喜三（一二三一）年聖人五十九歳以降、恵信尼公は長く越後に住し、親鸞聖人と再会することがなかったと思われる。

親鸞聖人は、京都にて長男善鸞、および覚信尼と三人で暮らし、恵信尼公と他の子女たちは越後国分近くに移住し、国分近辺に恵信尼公がいて、恵信尼公自筆の手紙十一通を京都にいた末娘の覚信尼に宛てており、少なくとも分散した生活形態であった。恵信尼公は日記を几帳面に日々書き綴っていた。

なぜ分散した生活となったか。

一、越後へ下った子女たちの孫の世話をするためであった。

二、越後における恵信尼公の所領などの財産管理のためであった。越後には三善家の財産など恵信尼公が相続した家屋敷があり、不在地主であるなら、それが没収されるという事情があったと思われる。

三、念仏の伝道のためではないか。

四、善鸞義絶状に、善鸞が「まま母」といった人が、恵信尼公以外の人をいっているとの解釈となれば、親鸞聖人に恵信尼公以外の女性がいたことになり、恵信尼公は親鸞聖人に別の女性ができた問題にて越後へ下ったのではなかろうかと推察される。女性をめぐる不和から越後へ下ったと推測する学者もいる。善鸞義絶状の「まま母」の表現は虚言であり、親鸞の妻は恵信尼公ただ一人であったとの正論もある。

恵信尼公は、親鸞聖人の信仰の本質をよく理解していた唯一の正室であった。親鸞聖人のような思想や宗教哲学体系は、女性であるが故に語らなかったが、四十年余にわたって生活をともにし、日々日記にも記録していた。『恵信尼文書』の三通の手紙（第三通、第五通、第六通）は、親鸞聖人思想信仰の本質、生涯をよく表現している文書である。

法然上人の専修念仏の回心が、親鸞聖人の生涯を決定した。恵信尼公が、法然上人を勢至菩薩、親鸞聖人を観音菩薩の化身と実夢に見たとあり、親鸞聖人は五十九歳、寛喜三年自力の執心を脱し、他力の中の他力信仰にいたったという、親鸞聖人のその人の信仰の本質を恵信尼公は手紙にて語っている。

三十三歳のころ、親鸞一家が越後から関東への旅の途上、観音の化身であると知らされ、それ以降、親鸞聖人を観世音の化身と生涯信じ、「善信の御房」「殿」と手紙のなかで呼称している。このような夫妻である。自ずと正室であるという回答が得られるであろう。

## 京都における親鸞聖人の生活

帰洛後の聖人の生活は、ほとんど東国の門徒たちによって支えられていた。それも充分ではなく、子女の越後移動は、ともに豊かに暮らせる程の経済的に恵まれた生活状況ではなかったことを表しているとも考えられる。

京都にも門信徒は少なかった。東国の門弟たちの御志に支えられつつも、命をつなぐ食生活は十二分ではなかった。

親鸞聖人が東国を去る寛喜三（一二三一）年、聖人五十九歳の年、下野国の真仏は、まだ二十三歳の青年であった。門弟真仏は高田門徒、順信は鹿島門徒、性信は横曽根門徒の代表であり、東国門徒の代表格の門弟であった。唯円は『歎異抄』の作者ともいわれる門弟である。

真仏は関東にて親鸞聖人に巡り合って門弟となり、聖人帰京後は、真仏が高田門徒集団の指導者となった。一二五五年、京都の親鸞聖人から受けとった書状が現存している。一二五七年にも書状を受け取り『末灯抄』にも収められている。真仏は事実上、高田専修寺の開基で、門弟には顕智、源海、専信らの有力門徒を排出し、初期真宗教団の中心的存在であった人物である。

順信は親鸞に帰依し、聖人帰洛後、善鸞事件による動揺が東国の教団に起こった際、鹿島明神の夢告を受け、親鸞の教えを尊重した。聖人の命を受け、西国教化におもむき、大阪の仏照寺はその旧跡である。この順信の門派を鹿島門徒と呼んだ。

性信は親鸞聖人の帰洛に際し、その後事を託されて『教行信証』を授かり、下総横曽根に報恩寺を開基した重要人物の一人で、親鸞の信頼が篤かった。性信宛の親鸞書状からも伺われるが、善鸞事件では鎌倉におもむき、弁明をし、解決に尽力した。いわゆる横曽根門徒の代表各の人物であった。『末灯抄』には、門弟との問答が手紙にて伺える。

常陸国の門徒が上洛するのに託して、物を贈っている。

（奥書）建長八年丙辰四月十三日　愚禿親鸞八十四歳尅作、

㈠　五月二十八日、これより先、二十六日、弟子覚信より、弟子専信の上洛を予告する書状および志の銭三百文を受けた。この日、返信の書状を送り覚信の上洛を勧誘した。

（『親鸞消息』専修寺所蔵〈追而書〉）

専信坊、京ちかくなられて候ふこそ、たのもしうおぼえ候へ。また、御こころざしの銭三百文、たしかに〳〵かしこまりてたまはりて候ふ。四月七日の御ふみ、五月廿六日たしかに〳〵候ひぬ、（中略）いのち候はばかならず〳〵のぼらせ給ふべく候ふ。

五月廿八日　　　（花押）

覚信御房　御返事

（二）

閏十月二十九日、これより先、弟子覚念が入滅した。この月の一日、弟子高田の入道が書状を送って親鸞に知らせた。この日、親鸞は返事を送って、これを弔い、さらに門徒より贈られた志を謝した。（『親鸞消息』専修寺所蔵〈正元元年〉）

壬十月一日の御文、たしかにみ候ふ。かくねむばうの御事、かたぐ〵あはれに存じ候ふ。親鸞は、さきだちまゐらせ候はんずらんと、まちまゐらせてこそ候ひつるに、さきだゝせ給候事、申すばかりなく候ふ。かくしんばう、ふるとしごろは、かならずぐ〵さきだちてまたせ給候覧、かならずぐ〵まいりあふべく候へば、申すにおよばず候。かくねんばうの、おほせられて候ふやう、すこしも愚老にかはらずおはしまし候へば、かならずぐ〵一ところへまいりあふべく候。明年の十月のころまでも生きて候はば、この世の面謁うたがいなく候ふべし。入道殿の御こゝろも、すこしもかはらせ給はず候へば、さきだちまゐらせても、まちまいらせ候べし。人々の御こゝろざし、たしかにぐ〵たまはりて候。なにごともぐ〵、いのちの候ふらんほどは申すべく候。又仰せをかぶるべく候。この御文みまいらせ候ふこそ、ことにあはれに候へ。中々申候もおろかなるやうに候。またまた追申候べく候。あなかしこ〳〵。

（正元元年）

壬十月廿九日　　　　　　　　　親鸞（花押）

たかたの入道殿御返事

（『拾遺眞蹟御消息』『真宗聖教全書　二　宗祖部』七二四頁）

㈢

十二月二十六日、これより先、門徒から志の物を贈られ、さらに、弟子護念の便りに、弟子教忍より銭二百文および志の物を贈られた。この日、書状を教忍に送ってこれを感謝し、門徒にも伝えさせた。また、教忍が疑義を問うたのに答えて、教えを説き、『唯信鈔』の熟読を勧めた。（『親鸞聖人御消息集』）

護念坊のたよりに、教忍御坊より銭二百文御こころざしのものたまはりてさふらふ。さきに念仏のすゝめのもの、かた〴〵の御なかよりとて、たしかにたまはりてさふらひき、ひと〴〵によろこびまふさせたまふべくさふらふ。この御返事（おんへんじ）にて、おなじ御こゝろにまふさせたまふべくさふらふ。さてはこの御たづねさふらふことは、まことによき御うたがひどもにてさふらふべし。まづ（中略）そのやうは、『唯

信鈔』にくはしくさふらふ。よく〳〵御覧さふらふべし。（中略）『唯信鈔』をよく〳〵御覧さふらふべし。（中略）

親鸞

十二月廿六日

教忍御坊　御返事

（『真宗聖教全書』二　宗祖部、六九八頁）

（家永三郎編『新訂　親鸞聖人行実』一九六〇年、法藏館参照）

『親鸞聖人門弟等交名』（三河国妙源寺本）によれば、親鸞の門弟は次のようになる。

親鸞
- 真仏　下野国高田住、
- 入西　常陸国住、
- 乗念　同国南庄住、
- 性信　下総国飯治（沼）住、（甲斐国万福寺本では、下野国ヨコソネとする）
- 順信　常陸国鹿島、
  - 唯信――称念
  - 鏡願――誓信　同国住
  - 直信――導信
- 如信　奥州大網住、
- 信楽　下総新（堤）住、

慶西　常州北郡由下住、
善性　同国遣田住、（後文に下総国住とある）
無為子　奥州会津住、
是信　同和賀住、
実念　常陸笠間住、
慶信　下野高田住、
安養　常陸奥郡住、
入信　同国住、
念信　同国住、
乗信　同々住、
唯信　同々住、
慈善　同々住、
善明　同々住、
唯円　同々住、
善念　同々住、
頼重　常陸笠間住、号稲田九郎、

順性——道円
妙性
来信
唯浄
信浄
信性

自余門弟略之

信願　下野郡（那）須住、
本願　奥州藤田住、
唯信　会津住、
覚善　越後国々府住、
唯仏　会津住、
覚信　下野高田住、
常念　下総国佐嶋住、
法善　常陸国北郡住、
西念　武蔵国太田住、
明法　常陸国北郡住、
証信　同国南庄住、
西願
尼法仏　下野上野住、
已上諸国散在之弟子等、
沙弥尊蓮
沙弥宗綱

尋有（山） 善法房僧都、
兼有（寺） 萱房律師、
蓮位
賢阿 号阿法、
善善 刑部左衛門（頼泰入道）
浄信 七条次郎入道、
洛中居住弟子等也、此外猶雖多之、依繁略之、
巳上都鄙門弟、皆以面授口決也、悉逝去畢、
真仏 附弟、
顕智 上人面授、
（中略）
教念 常陸布川住、上人面授、
（中略）
覚円 奥州浅香住、上人面授、
（中略）
専信 遠江国住、上人面授、

（中略）

如信　　奥州大網住、親鸞聖人真弟卿公子息也、（前記）

（中略）

善明同国――証善　上人面授、

（中略）

右親鸞上人門弟等交名、大概注進如斯、

康永三年甲申十月廿七日書写之、（愛知県妙源寺所蔵本）

以上のように関東二十年間滞在中に、多くの門弟が誕生し、その中の心ある者が、報恩謝徳の志を京都の親鸞聖人に贈っていた。しかしながら、それが命をつなぐのに果たして充分な浄財であったであろうか。

覚信尼にお台所がまかされ、質素な暮らしを営んでいたことと推察される。

## 親鸞聖人の著述

親鸞聖人の和漢の著述、経論釈の加点や書写、書簡など、二十部近い著述はかなり多く、その大部分は三十代から晩年八十八歳にかけてのものであるが、京都の隠棲の生活に入ってから七十五歳をすぎての晩年の著作が多い。

それは、恵信尼公が越後で孫や子供の世話をし、別居の生活をしていたことから、書斎にて筆をもつ静寂が保たれ、著述に専心専念する生活環境に恵まれたことであったと思われる。

孫やひ孫は文句なしにかわいいが、無邪気な子供たちとの生活は、書斎も遊び場になり、落書きやいたずら書きもされる。かわいいが故に心奪われる存在であり、著作に専念できなかったのではないか。

その点、恵信尼公の慈愛に満ちた孫子を護る内助の功、その存在はまた大きく評価されてよいであろう。

今聖人の生活を年譜にて振り返り、著述関係を見ると次のごとくになる。

| 西暦 | 年号 | 親鸞年齢 | 事項 |
|---|---|---|---|
| 一一七三 | 承安三 | 一 | 誕生（自筆本識年齢逆算） |
| 一一七五 | 安元元 | 三 | 法然（源空）、専修念仏義を唱える |

| | | | |
|---|---|---|---|
| 一一八一 | 養和元 | 九 | 春、慈円の寺で得度（『親鸞伝絵』） |
| 一一八二 | 寿永元 | 一〇 | のちの親鸞の妻、恵信尼、誕生（恵信尼書状逆算） |
| 一一九一 | 建久二 | 一九 | 九月、聖徳太子の磯長の廟に参籠し、太子の夢告を得る |
| 一一九二 | 建久三 | 二〇 | 鎌倉時代はじまる |
| 一一九八 | 九 | 二六 | 法然、『選択本願念仏集』を著す |
| 一二〇〇 | 正治二 | 二八 | 五月、幕府、念仏宗を禁ず<br>十二月、如意輪観音の告を得る |
| 一二〇一 | 建仁元 | 二九 | 一月、比叡山を出て六角堂に参籠、聖徳太子示現の文を感得し、吉水に法然をたずねて念仏の教えに帰依する |
| 一二〇四 | 元久元 | 三二 | 一一月、延暦寺僧徒等の非難に対して書かれた法然の『七ヶ条起請文』に、弟子の一人として「綽空」という名で連署す（嵯峨二尊院所蔵文書） |
| 一二〇五 | 二 | 三三 | 四月、法然より『選択本願念仏集』を付属され、法然の肖像を画く（『教行信証』）<br>閏七月二九日、善信と改名 |
| 一二〇六 | 建永元 | 三四 | 法然門下の行空・遵西ら捕わる |
| 一二〇七 | 承元元 | 三五 | 二月上旬、興福寺らの訴えにより、専修念仏停止の院宣が下り、越後の国府に流罪（『教行信証』『親鸞伝絵』『拾遺古徳伝』） |

| | | | |
|---|---|---|---|
| 一二一一 | 建暦元 | 三九 | 法然、土佐に流罪<br>三月三日、恵信尼との間に信蓮房明信誕生（『恵信尼書状』）<br>一一月一七日、流罪赦免（『教行信証』『親鸞伝絵』）<br>法然、勅免によって入洛 |
| 一二一二 | 二 | 四〇 | 法然、『一枚起請文』を著す<br>法然、八十歳で入寂（一一三三～一二一二） |
| 一二一四 | 建保二 | 四二 | 高弁（明恵）、『摧邪輪』を著わして、法然の『選択集』を非難<br>上野（群馬県）左貫（佐貫）において、『浄土三部経』千部読誦を発願するも、数日後に中止して、常陸国（茨城県）に赴く（恵信尼書状） |
| 一二一九 | 承久元 | 四三 | 閏二月、専修念仏禁止される |
| 一二二一 | 三 | 四九 | 聖覚、『唯信鈔』を著す |
| 一二二四 | 元仁元 | 五二 | 娘、覚信尼誕生（『恵信尼書状』）<br>このころ、稲田で『教行信証』を草す<br>専修念仏禁止される |
| 一二二八 | 安貞二 | 五六 | 法然の遺骨、栗生野に埋葬される |
| 一二三〇 | 寛喜二 | 五八 | 五月、聖覚の『唯信鈔』を書写す（専修寺蔵本奥書）<br>このころ、飢饉のため餓死するもの多し |

| | | | |
|---|---|---|---|
| 一二三一 | 三 | 五九 | 四月、病床に臥し、建保二年の『浄土三部経』千部読誦についての反省を、恵信尼に語る（『恵信尼書状』） |
| 一二三三 | 天福元 | 六一 | このころ、京都に向かう |
| 一二三四 | 二 | 六二 | 六月、専修念仏宗、禁止される |
| 一二三五 | 文暦二 | 六三 | 六月、『唯信鈔』（平仮名）を書写す（専修寺蔵本奥書）<br>七月、幕府、専修念仏を禁ず |
| | 嘉禎元 | | 如信（本願寺第二世）誕生（如信寿像裏書逆算） |
| 一二三九 | 延応元 | 六七 | 三月、『選択集』開版される |
| 一二四一 | 仁治二 | 六九 | 一〇月、『唯信鈔』を書写す（堺、真宗寺蔵本奥書・真宗法要本校異） |
| 一二四二 | 三 | 七〇 | 九月、定禅、親鸞の肖像を画く（『親鸞伝絵』） |
| 一二四三 | 寛元元 | 七一 | 一二月二一日、「いや女譲状」を書く（本願寺文書） |
| 一二四五 | 三 | 七三 | 七月、京都大地震 |
| 一二四六 | 四 | 七四 | 三月、『唯信鈔』を書写す（顕智写伝本奥書）<br>三月、『自力他力事』を書写す（大谷大学蔵本奥書）<br>六月、京都大火、六角堂など焼失 |
| 一二四七 | 宝治元 | 七五 | 二月、弟子尊蓮、『教行信証』を書写し、校合を行う（大谷大学蔵本奥書） |
| 一二四八 | 二 | 七六 | 一月、『浄土和讃』『高僧和讃』を草す（専修寺蔵本奥書） |

| 西暦 | 年号 | 年齢 | 事項 |
|---|---|---|---|
| 一二四九 | 建長元 | 七七 | 三月、京都大火、蓮華王院被災 |
| 一二五〇 | 二 | 七八 | 一〇月、『唯信鈔文意』を草す（盛岡本誓寺蔵本奥書） |
| 一二五一 | 建長三 | 七九 | 二月、鎌倉大火<br>閏九月、常陸の門徒の間に「有念・無念」の争いがあり、『有念無念事』を草す（親鸞消息） |
| 一二五二 | 四 | 八〇 | 二月、常陸の門徒に書状を送る（『末灯鈔』）<br>三月、『浄土文類聚鈔』を草す（専修寺蔵本奥書）<br>鎌倉大仏落成 |
| 一二五四 | 六 | 八二 | 一月、鎌倉大火<br>二月、『唯信鈔』を書写す（恵空写伝本奥書）<br>閏五月、京都大地震<br>九月、『後世物語聞書』を書写す（真宗法要本校異）<br>十一月、善導の『観経四帖疏』より、「二河白道譬喩」を抄出し、延書にして東国の門徒に与える（茨城県照願寺蔵本奥書）<br>十二月、『浄土和讃』を写す（反古裏） |
| 一二五五 | 七 | 八三 | 四月、隆寛の『一念多念分別事』を書写す（真宗法要本奥書）<br>四月、自著『浄土和讃』を書写す（専修寺蔵本奥書） |

| | | | |
|---|---|---|---|
| 一二五六 | 康元元 | 八四 | 五月、「源空（法然）消息」を書写す（専修寺蔵本奥書）<br>六月、『尊号真像銘文』（略本）を草す（福井県法雲寺本奥書）<br>六月、『本願相応集』を写す（岐阜県安養寺本奥書）<br>六月、門弟の専信、『教行信証』を書写す（専修寺蔵本奥書・宝暦一二年目録）<br>七月、『浄土文類聚鈔』を書写す（東本願寺本奥書）<br>八月、『浄土三経往生文類』（略本）を草す（西本願寺本奥書）<br>八月、『愚禿鈔』を草す（存覚写本本奥書）<br>一〇月、笠間の門弟に送状して疑義に答える（東本願寺本奥書）<br>一一月、『皇太子聖徳奉讃』七十五首を草す（専修寺蔵本奥書）<br>朝円、親鸞の真影を図画す（安城御影裏書）<br>二月、門弟の蓮位、聖徳太子が親鸞を礼拝する夢を見る（『親鸞伝絵』）<br>三月、『入出二門偈頌』を草す（福井県法雲寺本奥書）<br>三月、『唯信鈔文意』を写す（大阪府光徳寺本奥書）<br>四月、『四十八誓願』を草す。法語を写す（専修寺蔵本奥書）<br>五月、門弟の覚信に返書を送る（専修寺蔵本奥書）<br>五月、息男の慈信坊善鸞を義絶す（専修寺蔵顕智写本奥書）<br>七月、恵信尼、覚信尼に下人の譲状を送る（西本願寺蔵譲状） |

| 一二五七 | 正嘉元 | 八五 | 七月、曇鸞の『浄土論註』（刊本）に加点す（西本願寺蔵本）<br>九月、恵信尼、覚信尼に下人の譲状を送る（西本願寺蔵譲状）<br>一〇月、法然の著述集『西方指南抄』を写す（専修寺本奥書）<br>一〇月、「八字名号」「十字名号」を書し、讃を附す（専修寺蔵）<br>一〇月、「六字名号」「十字名号」を書し、讃を附す（西本願寺・愛知県妙源寺蔵）<br>一一月、『往相回向還相回向文類』を草す（愛知県上宮寺本奥書）<br>一月、『西方指南抄』を校合す（専修寺蔵本奥書）<br>一月、『唯信鈔文意』を写し、顕智と信証とに附属す（専修寺蔵本奥書）<br>二月、門弟の真仏、『西方指南抄』を書写す（専修寺蔵本奥書）<br>二月、夢告に和讃を感得す（『正像末和讃』）<br>二月、『一念多念文意』を草す（東本願寺本奥書）<br>二月、『大日本国粟散王聖徳太子奉讃』百十四首を草す（愛知県満性寺本奥書）<br>三月、『浄土三経往生文類』（広本）を草す（興正寺本奥書）<br>閏三月、二月の夢告の和讃を記す（専修寺蔵『正像末和讃』奥）<br>閏三月、真仏、『如来二種回向文』を写す（専修寺本奥書） |
|---|---|---|---|

| 西暦 | 和暦 | 年齢 | 事項 |
|---|---|---|---|
| 一二五八 | 正嘉二 | 八六 | 五月、『上宮太子御記』を写す（西本願寺本奥書）<br>六月『浄土文類聚鈔』を写す（恵空写伝本奥書）<br>八月、『一念多念文意』を写す（恵空写伝本奥）<br>八月、『唯信鈔文意』を写す（群馬県妙安寺本奥書）<br>一〇月、門弟の性信、真仏に、それぞれ書状を送る（『末燈鈔』）<br>六月、『尊号真像銘文』（広本）を草す（専修寺本奥書）<br>八月、法然の『三部経大意』を写し、門弟の慶信に与う（専修寺本奥書）<br>九月、『正像末和讃』に手を加える（専修寺本奥書）<br>一〇月、慶信に返書を送る（専修寺蔵）<br>一二月、弟子の顕智、三条富小路の善法坊において、「獲得名号・自然法爾」の法語を聞書す（専修寺蔵） |
| 一二五九 | 正元元 | 八七 | 九月、法然の『選択集』（延書）を書写す（大谷大学蔵本・上本専修寺顕智写本奥書）<br>閏一〇月、高田の入道に書状を送り、覚念の往生をいたむ（専修寺蔵） |
| 一二六〇 | 文応元 | 八八 | 一一月、門弟の乗信に書状を送る（『末灯鈔』）<br>一二月、『弥陀如来名号徳』を書写す（長野県正行寺写本奥書） |
| 一二六一 | 弘長元 | 八九 | 恵信尼病む（『恵信尼書状』） |

| 一二六二 | 二 | 九〇 | 一一月、病臥す（『親鸞伝絵』）<br>一一月二八日、弟・尋有の善法坊にて入寂（西本願寺『教行信証』奥・専修寺本『教行信証』奥・『存覚袖日記』・その他）<br>息男道性（益方入道）・覚信尼・門弟の顕智・専信等も臨終に侍す<br>一一月二九日、東山鳥辺野に葬り、荼毘にふす（石川県弘願寺旧蔵『教行信証』奥）<br>一一月三〇日、拾骨<br>一二月一日、覚信尼、親鸞入寂を恵信尼に報ず（『恵信尼書状』） |
|---|---|---|---|

（宮崎圓遵　藤島達朗　平松令三編『親鸞聖人』徳間書店、一九七三年、二四八〜二五三頁参照）

主著『教行信証』の起筆は、貞応三（一二二四）年正月十五日、親鸞聖人五十二歳のとき、稲田の草庵にて、教巻、行巻、信巻、証巻と書きすすめて、その年の暮には脱稿したといわれている。六巻本として成立したのは京都に帰ってからであったと思われる。そのほか、文類（もんるい）、文意（もんい）、抄録、和讃、書簡もあるが、文類は、経論や師釈のなかから要文を抜き出し、それを項目にしたがって分類したものである。

なぜ『教行信証』という大著の論述を行ったのか。『教行信証』が代表的な著作であり、聖典の要文を集めた。(一)浄土文類聚鈔(二)浄土三経往生文類(三)往相廻向還相廻向文類の題号をもつ三著述文類がある。

(一)

一　『浄土文類聚鈔』

建長四(一二五二)年、八十歳のころ初稿、建長七(一二五五)年、八十三歳のときの清書とされているが、その制作年代については、問題が残っている。この著作はさきの『教行信証』と密接な関係があり、『教行信証』があまりに大部、かつ広汎にわたっているので、愚鈍下機の理解をこえている。そこで、その要旨を抜いて一巻にまとめたのがこの『浄土文類聚鈔』であると考えられる。その意をもって、古来から、『教行信証』を『広文類』と称するに対して、この鈔をまた『略文類』と称する。

二　『浄土三経往生文類』

これにも広本と略本がある。略本は建長七(一二五五)年、八十三歳の制作。広本はその翌々、康元二(一二五七)年、八十五歳のころの制作である。その内容は、浄土の三経、すなわち『無量寿経』『観無量寿経』『阿弥陀経』につき、それぞれその要文を抜きだして、浄土のありようを明らかにしたものである。

三　『往相廻向還相廻向文類』

略して『往還廻向文類』は、康元元（一二五六）年、八十四歳のころの制作である。ごく小部のもので、その内容はほとんどすべて、さきの『浄土三経往生文類』の広本に含まれている。だが、この小部の文類は、二種廻向の問題や諸仏等同の問題に集中した著作であり、特殊な価値が存する。

㈡

親鸞聖人の強調する「文意」は、いずれかの文を註釈して、一文不知の輩にも理解せしめたいという念願をもって制作されたものである。

一　『唯信鈔文意』

聖覚の著『唯信鈔』の要文をぬいて註釈したもので、親鸞はしばしばこれを書して人に与えたらしい。現存する真蹟本、古写本のなかで、そのもっとも早いものは、建長二（一二五〇）年、七十八歳のころのものである。親鸞が聖覚の『唯信鈔』をきわめて高く評価して、本願念仏の教えの理解は、これに依るがよいとしていたことは、書簡その他によってよく知られるであろう。

二　『一念多念文意』

隆寛の著『一念多念分別事』の要文を註釈したものである。その中に、親鸞みずから諸経より選びぬいた要文の解説もかなり加えられている。康元二（一二五七、三月十四日、正嘉と改元）年、八十五歳のころの制作である。親鸞にとって、隆寛は、聖覚とならんで、法然の弟子中のもっとも尊敬する先輩であった。いま念仏者のあいだに一念・多念の論諍がたかまるに当たり、その著に註釈して、一文不知の人々にも心得しめようと、この制作に及んだと思われる。

三　『尊号真像銘文』

建長七（一二五五）年、八十三歳の制作と推定せられる。尊号とは名号のこと。また真像とは先徳の肖像のこと。それらに関する銘文をあつめて註解をこころみた。これもまた「文意」として類別される。これにも広本と略本がある。

㈢「抄録」

「抄録」とは、いわば言行録の集録であり、つぎの一本が存する。

一　『西方指南抄』

法然の言行録の集録であって、康元元（一二五六）年から正嘉元（一二五七）年にかけての論述である。法然の語録や伝記は、すでにそのころまでにいくつか成立していたが、それらを集め録するこころみは、これがはじめてである。親鸞の法然へ傾注がいかに大きかったかを示す労作である。上（本・末）中（本・末）下（本・末）の都合六巻ある。

㈣「和讃」は、和語讃詠の意であって、経論、師釈の原文もしくは原偈（げんげ）を、和語をもってやわらげ歌ったものである。その総数は五百首をこえるなかにあって、いわゆる「三帖和讃」と称されるものがその中核をなす。

一 『浄土和讃』

宝治二（一二四八）年、七十六歳の春脱稿、百十八首。浄土の三経をはじめとして、浄土の教えを説いた経論、師釈の要文を、和語にうつして讃えたもの。

二 『浄土高僧和讃』

『浄土和讃』とともに、宝治二年の脱稿。この両者が一双のものとして考えられていたことを示している。百十九首。彼のいわゆる浄土七高僧の生涯と思想とを、和語をもって讃えたものである。

三 『正像末法和讃（しょうぞうまっぽうわさん）』

正嘉二（一二五八）年、八十六歳のころの制作。いわゆる「夢告（むこく）和讃」一首を加えて百十六首。末法の凡夫としての主体の側から、その鋭い省察を土台として、弥陀の大悲を仰ぎ讃えている。

(五)「書簡」は、著作とはいいがたいが、後に集録、編集されて、次のような書簡集が成立した。

『御消息集』(善性本)　六通

『親鸞聖人御消息集』　十八通

『五巻書』　五通

『親鸞聖人血脈文集』　五通

『末灯鈔』　二十二通

それらの集録の間には、むろん重複するものも少なくない。また、そのいずれにも集録されなかったものが、真蹟本や古写本のなかに見出される。重複するものを除き、現存するものを数えると、四十二通または四十三通となる。これらの書簡は、すべて、京都にある親鸞が関東の門徒に宛ててしたためたものである。その日付の知らるるかぎり、建長三(一二五一)年より文応元(一二六〇)年にいたり、その人の七十九歳から八十八歳にいたるおよそ十年間のものである。この書簡によって、他の著作によっては覗いがたい晩年のその人の動静や関東にある念仏者たちの情勢を、かなり具体的に知ることを得るのみならず、静居の親鸞が何を思い、何を歎き、何を喜んだかにいたるまで、手にとるように知ることができる。「老いたる親鸞」の思想と生活を追求するためには、これらの書簡がかけがえのない資料として存する。京都隠棲の老いたる親鸞、そこには、紙子(かみこ)を着て、老眼をしばたたきながら、静居の浄几にむかって坐する姿が想定される。晩年、その執る筆によって綴られた労作は、以上の巻々であった。

したがって、聖人の晩年は、著述活動に専念し、大器晩成、本願成就、本願力に乗托した日々であったのではないか。その論述、著作が今日に及ぶことは、本願力廻向にて自覚していたのではなかろうか。覚信尼のお蔭もあり、有意義な晩年を過ごせたのではなかったか。

『恵信尼文書』第十通の冒頭に見られる八十六歳という長寿の恵信尼公も、去年の八月ごろより吐き気のする腹具合で、体がすぐれず、よくもならない。歳である。いまは耄碌(もうろく)していると覚信尼に下人のことを語る。覚信尼が着物を贈ったことに、本当にうれしいと感謝しつつ、今は終わりのときを待つだけの身、死に装束にいたしますとの礼状を書いている。そして、覚信尼公が日野広綱との間にもうけた娘「さいそう殿」すなわち孫のこと、いろいろお子たちのことを残らずうけ賜わりたいという老境を語る。長女さいそう殿のこと、と広綱との間に生まれた兄の宗恵(覚恵)のこと、つまり孫たちのことを残らず知りたいと、お浄土詣りを直前にし、天寿を感じ、孫たちのことを知りたいと語っている。素直なる老境の心であり、孫、子の存在を知りたいと願う老境恵信尼公の姿が見られる。

## 第十一通

好便のあるのがうれしくて、おたよりします。

さて、今年まで生きておれようとは思いませんでしたが、今年は八十七とかになります。寅年（とらどし）の者ですから、八十七とか八とかになりますから、今は往生のときを待っているばかりで、年だけは恐ろしいほどとってしまいましたが、咳（せき）をすることもないので、痰（たん）などを吐くこともありません。腰や膝をたたいてもらうといったことも、ただ今まではありません。ただ犬のように元気に駈けまわっていますけれども、今年になりましてからは、ひどく物忘れをするようになりまして、まるでぼけたようであります。

さて、去年からたいへん恐ろしいことなどが多くおこっています。

また、すりいのひとの好便で、綾の着物を頂きましたこと、お礼の申しようもありません。今は往生のときを待ちもうけている身ですから、これが最後の頂きものであろうと、それぱかりが思われます。ただ今までも、あなたから綾の小袖を頂きましたが、これこそ最後のときの装束と思って、持っております。ほんとうにうれしく存じます。着物の表も、まだ着ないで持っております。

また、お子のことをとても知りたく、いろいろ承りたいものです。上のお子のことも、とりわけ承りたいと存じます。

ああ、この世に生きている間に、いま一度あなたを見もし、またあなたに見られもすることがあるでしょうか。この身は極楽へすぐにもまいることでしょう。極楽では、どんなことも、明るくご覧になることができますから、かならずお念仏を申されて、極楽にまいり、落ち合わせてください。なお、さらに極楽にまいり、落ち合わせることでしょうが、そのときは、どんなことも、明るく思われることでしょう。

またこの好便は、この近くに住んでいる巫女の甥とかいう者による便で、申すものです。あまりに暗くて、くわしくは書けません。

また、心にかけて、確かな便のあるときには、忘れず、綿を少し送ってください。

おわりに居りますえもん入道の便こそは、確かな便のはずです。このひとも、こちらに来ることになっているでしょう、と聞いておりますが、まだ表立ってはっきりされたことではありません。

また、光寿御前（ごぜん）が修行のために地方へくだるでしょう、とおっしゃっておられましたが、こちらにはまだお見えになりません。

また、わかさ殿は、今は落ち着いた年配になっておいでだろうと、とりわけ知りたく思われます。心にかけて、念仏を申して、極楽にまいり、落ち合わせてください、と申してください。

ほかのどんなことよりも、お子たちのこと、くわしくお話しください。承りたく存じます。一昨年（おととし）とかに生まれておいでになる、と承りましたお子のことも、知りたく思っております。

また、そちらにお譲りするよう申しておりました娘たちも、去る年の大熱病に、多く亡くなりました。ことりと申します娘も、もはや年をとりました。父が御家人で、うまのじょうという者の娘も、そちらにお譲りしようと思って、ことりに預けてあるものですから、たいへん無作法らしく、髪なども乱れて、非常に興ざめた風であります。普通の小娘で、にくらしそうに見えるでしょう。

けさの娘でわかばという今年二十一になりました娘が妊娠して、この三月とかに子を産むはずなのですけれども、男の子でしたら、父親が引き取ることでしょう。以前にも、今は五つになる男の子を産みましたが、父方を継ぐことになっているので、父親が引き取りました。今度の子もどういうことになりますか。

わかばの母は、頭になにかしら、大変な腫物(はれもの)がふきだして、もう十年以上になりますが、役に立たないままに、死のときを待っているように思われる、と申しています。

そちらに上洛しておりましたとき、おとほうしというまだ子供だった者は、そちらに行かせなくてはならない、と申しておりますけれども、妻子がおりますから、まさか、参ろうとは申しますまい、と思われます。ですが、わたしが亡くなった後には、栗沢に申しておこうと思っておりますから、来いとおっしゃってください。

また、栗沢はどうしたことでしょうか。のづみというところの山寺で不断念仏を始めるらしいのですが、なにやら書物を書く必要があるのだとか、申しているようです。五条殿のために、と申しているようです。

どんなことでも、いろいろお話ししたいことがたくさんありますけれども、明日の暁に好便があると申しますから、夜書いていますので、たいへん暗くて、とてもご覧にはなれないだろう、と思って、ここで筆をおきました。

また、針を少し送ってください。この便にでも託してください。お手紙の中に入れて送ってください。

もっともっと、お子たちのことを細かにお聞かせください。承るだけで、心が晴れることでしょう。万事、書き尽すことができませんので、筆をおきました。

また、さいそう殿は、まだ結婚なさらないでおいででしょうか。

あまりに暗いので、どのように書きましたものやら、とてもご覧にはなれないでしょう。

三月十二日、亥の時。

『恵信尼文書』第十一通、この手紙は、冒頭にあるように、八十七歳の手紙である。日々元気に駈けまわっている。咳をすることもなく、痰などを吐くことも、腰や膝をたたいてもらうこともなく元気である。

八十七歳にもなり、今は往生のときを待つばかりで、物忘れをするようになり、まるでぼけたようである。今は往生のときを待ちうけている身であるとの、八十七歳の手紙である。そして、お子たちのことをとても知りたい、いろいろ承りたいものです。上のお子のことも、とりわけ承りたいと存じます。あゝ、この世に生きている間に、今一度、あなたを見もし、あなたに見られもすることがあるでしょうか。

お子のことは覚信尼の子供のこと、覚信尼の娘のさいそうのことである。前述したが、つまり覚信尼が日野広綱との間にもうけた娘であり、上のお子のこととは、広綱との間にもうけた子の娘の兄、宗恵（後の覚恵）のことであろう。

覚信尼の子、覚恵は、七歳のとき、父広綱が死亡、覚恵は青蓮院に預けられた。親鸞のところには、二女覚信尼と善鸞の子如信、孫が寄食し、下人たちの生活も思うようにいかぬ生活状況であったと推察される。

越後の恵信尼公は弘長三年二月十日付の手紙に、八十歳から弘長二年五月まで、今にも死ぬかという瀕死の状態が半年続き、飢饉の襲来が二年も続き、多くの餓死者も出し、自分も飢え死にしそうであった。

当時（八十歳）、恵信尼公は娘の小黒女房や三男の益方入道の子供を預かっていた。恵信尼公は、預かっていた孫たちを一人でも餓死させぬよう、守ろうと努力を続けていた。

この手紙には、京都の孫たちの消息を知りたくてたまらない人情味あふれ慈愛に満ちたおばあちゃんぶりがみられる。

八十七歳のこの手紙では、八十六歳の手紙で出てきた孫たち、きんだち（公達）のこと、光寿御前（覚信尼の長男）、覚恵のこと、一昨年生まれた孫のこと、さいさう殿のことや、わかさ殿のことについて細かく知らせてほしいと書かれている。

「光寿御前が修行のためにくだるのでしょうか。まだお見えになりません。……わかさ殿は今は落着いた年配になっておいでだろうと知りたいと思います。……一昨年に生まれた子供のことがなつかしく……また、さいそう殿はまだ結婚なさらないでおいででしょうか」と、孫を思う慈愛に満ちた文章である。光寿御前は覚信尼の長男で、後の覚恵である。わかさ殿は若狭の字を当て、覚信尼の侍女とする説が一般的である。一昨年生まれたお子のこととは、覚信尼が小野宮禅念と再婚してもうけた唯善であろう。

恵信尼公のご遺体は、土葬であったか、火葬しお骨拾いを行ったか、記録上明らかでない。しかし、越後にて生涯を終えたことは間違いなさそうである。

親鸞聖人は京都で入滅し、荼毘にふされ、収骨されている。果たして新潟でも同様であったであろうか。つい、三、四十年前まで、土葬という風習を目にしたことがある。

# 第三話

## 親鸞から蓮如にいたる系譜（血脈）

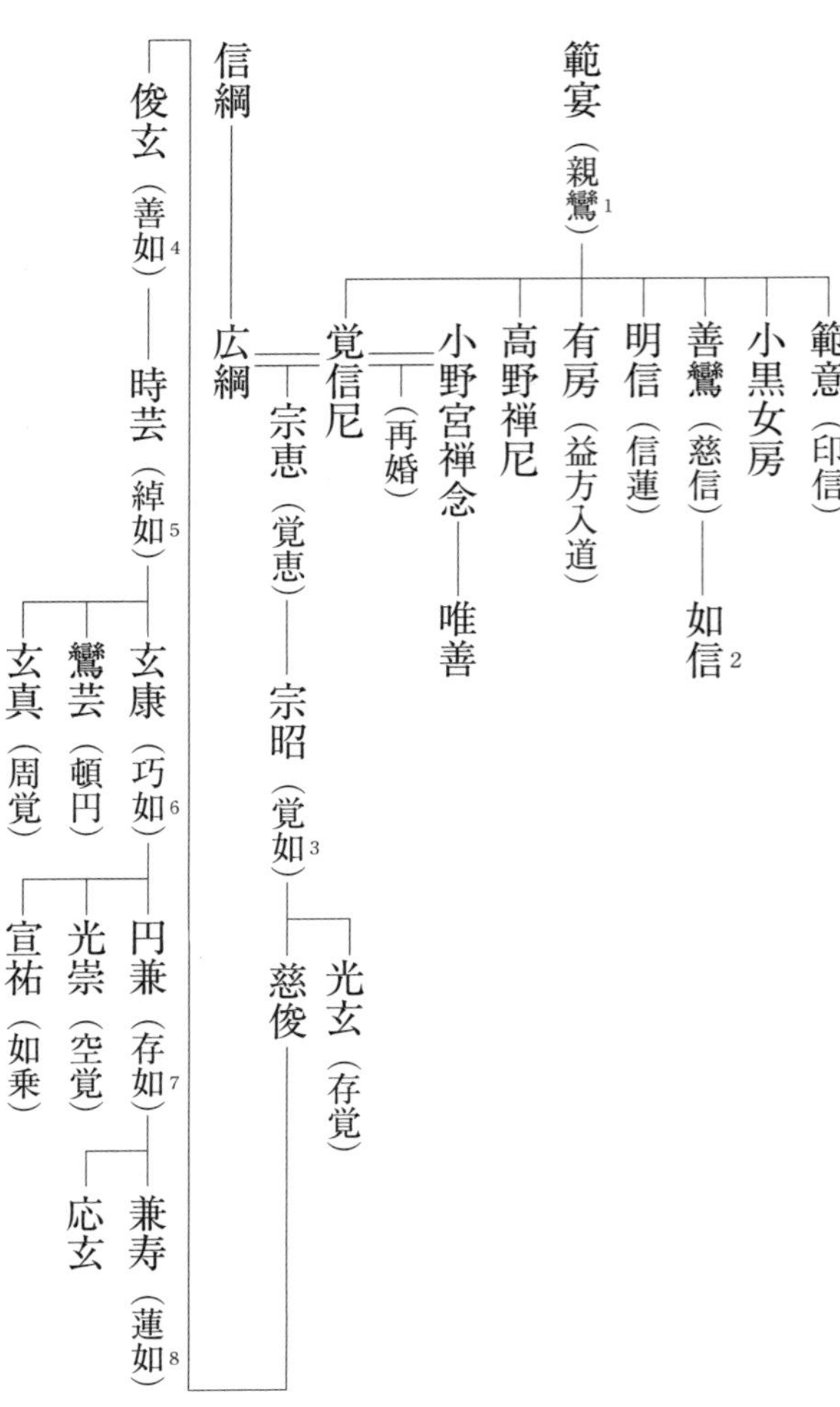

覚信尼から蓮如上人にいたる親鸞聖人の後継者たち、子供から孫へ、そして玄孫、その後の相続者たち、血脈について法城を護る人たちを見てみよう。

通常は、後継者が続かず絶えてしまい、弔う縁者のない無縁仏や無縁塚もありがちな世の中である。法脈、血脈ともども、法統が相続され繁栄を極める本願寺の歴史系譜はまさに注目に価する。

後継の責を担った親鸞聖人の孫、如信（一二三五～一三〇〇）は、本願寺二世である。父の慈信房善鸞は、親鸞の教義の解釈をめぐって関東の門弟たちに動揺があった際、帰京後の親鸞に代って関東におもむき、親鸞教義と違う異安心を説いた理由により、一二五六年書状により親鸞より義絶された実子である。

善鸞の長男、聖人の孫に当たる如信は、幼少のときより青年時代にいたるまで、祖父親鸞のもとで薫陶を受け、親鸞の近くで生活し、教えを深く信仰した。如信は、親鸞にかわいがられ、親鸞の信仰の姿を見て育った。身近には叔母の覚信尼やその子の覚恵や光玉尼がいた。光玉尼は後に如信の妻となる。

父、善鸞は親鸞から義絶されたが、如信はそのまま父とともに関東にて生活を続けた。一二七七年十一月、報恩講参詣のため上洛、叔母覚信尼から下人びわ女を預かっている。

八七年の再度上洛の際、後に本願寺三世になる覚如に会い、宗義を伝授。九〇年、父覚恵と関東を巡拝した覚如に相模の山中で面会。九一年、覚如は如信の画像を作成し、銘文を自書し対面を喜ぶ。その後如信は陸奥大網東山に住して布教活動を行い、多くの門弟を得ている。九九年、常陸金沢の門弟、重善の招きにより、金沢の草庵に住することとなったが、生涯の大半を関東で過ごしたため、本願寺の責務には携わることはなかった。

覚如（一二七〇～一三五一）は、本願寺の正統性を主張するため「血脈の三代伝持」を説いた。本願寺の三世、覚如は覚恵の長男で、京都生まれである。母は周防権守中原氏の娘である。覚如は幼少より詩歌に親しみ、天台学や倶舎論を研鑽した。一二八六年、興福寺一乗院覚昭のもとで得度受戒。八七年、報恩講参詣に上洛した本願寺二世如信と会い、真宗の要義を伝授されている。意義深く巡り合い、啐啄同時（そったくどうじ）の意味のある「報恩講」であったであろう。

さらに八八年に上洛した常陸河和田（かわわだ）の唯円（ゆいえん）に法門上の疑義をただした。河和田の唯円は親鸞に帰依し、その教えをよく伝えた人物で、『歎異抄』の編者であると推定されている。唯円は上洛し、覚如にも教義を伝授したともいわれる。

覚如は、九〇年、父にしたがい関東の親鸞聖人の旧跡を巡拝した。その後は東山大谷に住し、浄土教学の研修に努めた。

一三〇一年、叔父唯善の大谷廟堂横領計画が発覚する。

唯善（一二五三〜一三一七）は小野宮禅念の子、母は親鸞の娘、覚信尼である。関東に下向し河和田の唯円に師事し真宗教学を学んでいる。父を異にする覚恵の招きで京都大谷に住んだ。父禅念が、親鸞聖人の末娘覚信尼と結婚し大谷廟堂が建立された地所は自分の所有であり、七四年、覚信尼に譲渡したものであると主張した。

この事実により、大谷廟堂の敷地の相続権を巡って所有権を主張し、唯善は覚恵と対立し訴訟を起こした。が、唯善は敗訴して関東へ下る。大谷廟堂は破却され、親鸞聖人の影像遺骨も奪われた。このいわゆるお家騒動によって、関東の門弟たちは大谷廟堂に対して不信感を持った。唯善その人は常敬寺の開基となった。

この大谷廟堂横領計画が発覚した際、一三〇六年、覚如は大谷を退出して父覚恵にしたがい、二条朱雀衣服寺に移った。

一三〇七年、父覚恵は逝去した。覚如は関東に下向、門弟と廟堂回復の方途を図り、一三〇九年、本所である天台の青蓮院の裁許を受けて唯善排斥に成功した。しかしながら、関東門弟の留守職就任許可は容易に得られず、同年、懇望状を提出。翌一〇年、覚如の長男、存覚（一二〇九〜一三七三）の関東下向により、ようやく認められた。

存覚は初期本願寺教団の基盤となる教学を整備し、著書に『存覚一期記』『六要抄』（十巻）『持名抄』（二巻）『破邪顕正抄』（三巻）『歩船抄』（二巻）『女人往生聞書』『法華問答』『諸神本懐集』などがある。

覚如は、唯善排斥問題解決の後は大谷廟堂の寺院化、真宗の本寺化を図り、一三二一年までには寺号「本願寺」の公称化をなしとげ、三七年、血脈の伝持説を主張し、親鸞の正統な後継者であることを訴え、教団の発展を方向づけた。第三世である。著書には『報恩講式』『親鸞伝絵』『拾遺古徳伝』『拾持鈔』『口伝鈔』『本願鈔』『改邪鈔』『願願鈔』『最要鈔』などがあることはよく知られるところである。

## 報恩講

親鸞聖人が九十歳で往生の素懐を遂げられたとき、孫の如信は二十七歳であった。親鸞聖人は、一二六二年十一月下旬に病気になり、同月二十八日にお亡くなりになった。関東にいた如信は、お葬式には間に合わなかった。常陸国から京都まで二週間はかかる。速達郵便はない時代であるから、使いの者が京都を出発して知らせるのにはさらに二週間を要したと推察される。このような状況にあって、如信は祖父親鸞聖人の葬儀には出席できなかった。

しかしながら尊敬する祖父、親鸞聖人のご命日、毎年十一月の祖忌、祥月命日には必ず京都に上洛し、七日間の法要を勤めた。

いつのころからか聖人の祥月命日、その法要を「報恩講」というようになる。

覚如が『報恩講式（報恩講私記）』を著述したのは永仁二（一二九四）年のことであり、如信は六十歳である。親鸞の一代記を読み上げ、思い出が語られ、生前の遺徳を讃え、感謝報恩の念仏を称えた。

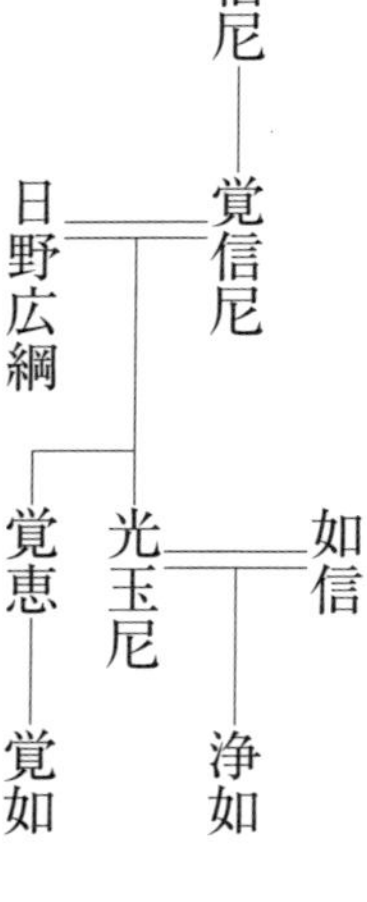


越後にて恵信尼公が八十六歳のとき、末娘覚信尼に書いた手紙の中で「宰相さんは結婚できたでしょうか（宰相殿は、ありつきておはしまし候やらん）」という文章があるが、宰相とは誰か。覚信尼の娘、光玉尼と考えられている。如信はこの光玉尼（従妹）を妻に迎え数人の子が生まれる。

覚信尼も、善鸞の長男、如信を気に入っていた。覚信尼は、下人のびわという若い女性を如信一家に貸し与えている。時代も手伝って、生活は楽ではなかったらしい。如信は四十三歳であった。

## 覚如の本願寺創立について

覚如の父は、親鸞聖人の末娘、覚信尼の第一子覚恵（かくえ）である。母は周防権守中原某の娘であるといわれる。

覚如三十歳のとき、母上は一二七二年八月に亡くなり、以後乳母に育てられた。母の愛を知らない覚如である。覚如が生まれたとき、親鸞聖人は八年前に亡くなっており、父日野広綱もすでに亡くなっていた。祖母覚信尼は四十七歳、父覚恵は三十五歳であった。貧しかった。

そんな覚如は、五歳の秋から学問をし、既成仏教の修行が始まる。親鸞聖人の教えに帰依したのは十七歳である。出家はこの年一二八六年十月二十日である。翌年十一月十九日、如信から教えを受けた。

覚如は三十歳ごろまでさまざまな学問（漢詩、和歌、天台諸流派、三論宗、法相宗、浄土宗、証堂の西山義、幸西の一念義）を学んだ。二十五歳のときに『報恩講式』、二十六歳のときに『親鸞伝絵』を著している。

## 親鸞廟堂をめぐるお家騒動

親鸞聖人は不動産を有せず、晩年は弟の尋有（じんう）の家に住していた。尋有は天台宗の僧侶であり、日野有範の第二子である。幼くして比叡山に登って出家し、東塔東谷の善法院院主となった。一二六二年、親鸞聖人は尋有の里坊の善法院にてご逝去なさっている。東山の西麓、鳥辺野の北に埋葬された。

十年後、覚信尼の二度目の夫、小野宮禅念の敷地に改装され、そこに「親鸞廟堂」が建てられ、親鸞聖人の坐像が安置された。

一二六四～五年ごろに覚信尼と禅念は結婚し、四年後、唯善が生まれている。そして一二七四年四月二十七日に廟堂が建立された地所を覚信尼に譲渡している。禅念は唯一の所有地を実子唯善に譲る。覚信尼に後のことをおまかせすると、翌年建治元年、禅念は亡くなっている。

覚信尼は敷地を唯善には譲らず、「親鸞廟堂」に寄進した。ところがこの地を巡って父を異にする覚恵と唯善とが親鸞廟堂の管理権（留守職）を巡って何十年にもわたるお家騒動を起こす。

禅念と覚信尼の結婚後、「親鸞廟堂」が禅念の所有地に建てられた。約百五十坪ばかりのこの地には禅念、覚信尼、唯善が住み、親鸞の墓を護っていた。東国の門徒たちが墓参りに訪れ、その門弟たちによって生活が支えられていた。門弟たちは廟堂建立の費用を捻出した。廟堂の所有権は門弟たちにあり、廟堂の留守を預かるのがいわば覚信尼であった。

覚信尼は、「親鸞廟堂」の敷地を門弟に寄進する代わりに、廟堂の管理権（留守職）を覚信尼とその子孫が保持できるように敷地の所有権を放棄し、覚恵と唯善らの署名花押を書いて、譲り状を下総猿島の成然、常陸布川（ぬのかわ）の教念、下野高田の顕智に与えている。唯善は十五歳、覚如は十一歳であった。

成然（一一七七～一二六五）は、一二一四年、稲田で親鸞聖人に帰依し、門弟となった。妙安寺を開いて猿島門徒を形成、東国門弟の中心人物の一人であった。顕智（一二二六～一三一〇）は親鸞聖人の面授の弟子である。真仏の女婿で、真仏の教えを受けて親鸞聖人の弟子となり、一二六二年、親鸞聖人の臨終に立ち合い、親鸞聖人没後、大谷廟堂の創立経営に尽力している有力な門弟である。

鹿島の順信が、高田の顕智、荒木の源海（光信）らとともに念仏衆に強い申し入れをして覚信尼を助けた。親鸞聖人の帰洛後、善鸞事件による動揺が東国教団に起こった際、順信は親鸞聖人の教えを尊重した。順信のこの門流を鹿島門徒と呼んでいる。

源海（光信）は武士の出身であった。子供の死を契機に出家、真仏とその子の信性（証）の門弟となり、武蔵荒木に満福寺を開いた。一二八〇年、鹿島門徒信海、下野高田顕智とともに念仏衆宛書状に連署し、教団維持ににを注いでいる。一三〇二年、唯善事件の際には、鹿島門徒、順性ら二十名と覚恵の親鸞廟堂留守職承認状に連署し、廟堂護持に活躍している。源海の著述には『一向帰西鈔』『浄土法門見聞集』『親鸞聖人本伝』（二巻）などがあることが知られている。

『親鸞門侶交名牒』には、願明、寂信、顕性以外に二十数名の門弟名が挙げられて、親鸞、真仏、源海、了海という法脈相承も「光明本尊」に描かれている。

このころ、親鸞聖人の命日である毎月二十七日には、念仏法要が行われた。その費用は各地の門徒が出し合い、それを覚信尼が集めて法要の折に念仏を称える門徒僧に御法礼として与えていた。

## 覚信尼六十歳の遺言状

覚信尼は、弘安六（一二八三）年十一月二十四日、東国の門徒たちに親鸞廟堂の管理を覚恵に任せたとの手紙を出している（『覚信尼最後状案』）。病気にかかっていて当時六十歳、覚信尼にとっては「遺言状」の意味があったようである。覚信尼はこの後間もなくして往生の素懐を遂げた。

このしやう人の御はかの御さたをばせんせうばうに申をきさふらふなり、あまが候つるほどは、ゐ中の人〴〵の御心ざしのものにて、このものどもをば、はぐゝみ候つれども、いまはいかゞし候はんずらんと心くるしくおぼえ候、たはたけも、たず候へば、ゆづりおく事もなく候、たゞいかうゐ中の人〴〵をこそたのみまいらせ候へば、あまがさふらひしにかはらず、御らんじはなたれず候へしかとおぼえて候。

（『覚信尼最後状案』）

意訳

この親鸞聖人のお墓のご沙汰をば、専証坊（覚恵）に申しておきました。

私がいるときには東国の門徒の御志のものにて子供たちを育てましたが、私がいなくなってからはどうなることやら心苦しく思え、とても心配です。田畑も持っていませんので譲ることもできません。ただ偏えに、東国の門弟の方々がたよりですので自分が在世中と変わらず同様に息子たちをお見捨てなきようお願い申し上げます。

文頭の「しやう人」とは親鸞聖人のことである。このとき、覚恵は四十六歳。生活力はひたすら門弟にお願いするしかなく、家族たちも門弟の懇志によって養われていた。覚如はこのとき十四歳であった。

# 親鸞聖人の後継者たち

## 唯善

唯善（一二五三〜一三一七）は小野宮禅念の子で、母は親鸞聖人の娘、覚信尼である。仁和寺相応院、守助のもとで修験道を学び、その後関東に下向、河和田の唯円に真宗教学を学んだ。師と仰いだ唯円は『歎異抄』の編者（推定）である。鳥喰の唯円は、一二二五年、稲田の草庵に親鸞聖人を訪れ門弟になり、のち鳥喰に一宇を建立しているが、この両者は同一人物であるという説もある。

河和田の唯円は、覚如と唯善に真宗教学を伝え、師と仰がれている。

唯善は、覚信尼の没後、常陸国河和田（水戸市）に住み、結婚して子どもを設けたが、生活に困窮、そのため覚恵が同情し大谷に呼び寄せ同居。大谷の敷地が狭いという状況から門弟たちと相談し、廟堂の南に隣接する土地百五十坪を購入することになった。門弟たちの財源により実現し、唯善は自分の所有になることを期待したが、門弟たちの所有となった。存覚（覚如の子）の『存覚一期記』は、唯善のご立腹を語っている。

**導信**

出羽長井の人で鹿島門徒の導信は、一三〇一年冬（十一月）、大谷を訪れ、法然の伝記『拾遺古徳伝』執筆を本願寺三世覚如に依頼した。このとき覚如は三十三歳、文筆者として著名であった。

**覚如**

覚如は、お家騒動という苦労を経て大谷御影堂（留守職）に就任をする。

覚如の打ち出した方針は次のごとくである。

一、法然浄土宗の系統のなかで一派として独自の教義を確立すること。

この当時浄土宗はまだ社会的に独立した一宗として認められていなかった。まして や浄土真宗も然りであった。他宗（天台宗）に寄寓するもの、教学として一派をなしていても宗派として独立せず、いわゆる寓宗（附宗）であった。

願わくば独立の宗派でありたい。

覚如は、その浄土宗のなかにあって、法然とは異なる親鸞独自の信仰を強調すべきであると考えた。

しかし、報恩謝徳の念仏、往還二廻向論などは門徒衆には理解しがたい教義であった。法然に対する敬愛も深く、念仏一行、称名念仏ひとつを説く法然の信仰から入門し、親鸞の信仰を理解するという風潮も当時見られた。

覚如三十二歳のとき、鹿島門徒の長井の導信が法然伝記執筆を依頼するために大谷を訪れて、『拾遺古徳伝』を作成されている。しかし留守職就任の延慶三（一三一〇）年十一月二十八日、鏡御影を修復して以降、親鸞聖人の信仰の真髄を強調し始める。

一派として教義も組織も確立しようと努力をしている。すなわち親鸞固有の念仏道、称名報恩報徳の念仏を前面に打ち出すという方針である。

二、組織上、東国を始めとして地域社会に散在する門徒衆を掌握した門徒教団をつくり、大谷（親鸞）廟堂をその教団の中枢の寺院にしようと試みる。

大谷廟堂に専修寺の額を掲げひろく人に知らせて人目に付くようにするが、延暦寺からの撤去要求により取り外している。本願寺という寺号が古文書に現れるのは一三三二年、覚如六十三歳のときである。

三、親鸞直系の子孫が教団を統括し、覚如一家を経済的に潤わせ、社会的にも敬意を受ける一宗一派を形成するのが覚如の希望であった。いわゆる血脈相続である。

師から弟子に法灯が受け継がれていく法脈が、宗脈、戒脈として密教や禅では重んじられる。師から弟子に伝える相承（法門相承）の系図にあって、祖先の血統が子孫に伝わるように、血のつながりによる法門相承の系譜が血脈相続である。

創業者は良いものの、二代目三代目には会社を潰す社長もいる。せっかく築き上げたものを駄目にする。何の苦労も知らない、経済的に恵まれた温室育ちの二代目三代目は経営がよくわからない。肝心な収支のバランスがとれず、赤字経営を続ける。時には博打をし因果撥無（いんがはつむ）の無知に溺れる。

尊重されるべきは親鸞面授の門弟たちであり、口伝を得た者たちである。門弟たちは親鸞を尊敬し、心の糧として廟堂の維持に努力をし、寄付もし懇志を運んだ。覚如の方針は、留守職を長男存覚に譲り、血脈相続を実施する。覚如四十五歳、存覚は二十五歳であった。

覚如は、法然―親鸞―如信という三代伝持を終始一貫し、如信の門弟として如信―覚如の血脈相続を体現するようにとの主張である。一三三一年『口伝抄』（覚如六十二歳著）、一三三七年『改邪抄』（覚如六十八歳著）にもこの主張が見られる。如信三十三回忌を行うなど、如信を尊敬していた。

覚如は、汎浄土宗的な称名念仏の世界のなかから親鸞思想の固有性、存在の輝きを示そうとし、来迎思想の否定など、真宗学の根本、親鸞思想の正当性を示そうとした。親鸞聖人の孫として如信から真宗の教えを受け、親鸞聖人の伝統を伝えようとした。

私生活にあっては、応長元（一三一一）年五月末、妻播磨局を亡くしている。中年になると女性関係が激しく、結婚離婚を繰り返している。

不名誉な記録であるが、延慶元（一三〇八）年には、今出川上臈、按察と関係があった。また、小野宮中将師具の女と通じ同棲したこともあったらしい。

播磨局が逝去するや、五ヶ月後の十月には今出川上臈と別れて、十九歳の八条為信の娘御領殿相如を迎える。そして五年後には相如と別れ、翌文保二（一三一八）年四十九歳のとき、覚如は十九歳の善昭房を迎え、娶った。女性は修行の妨げになるという伝統的な仏教の考え方は見られない。

この煩悩熾盛の凡愚としての私生活に、長男存覚との不和の原因があったのではないかともいわれている。

## 存覚

覚如（かくにょ）―妻 宗宇
　├長男 存覚（ぞんかく）
　├次男 従覚（『慕帰絵詞』）
播磨局（はりまのつぼね）
　└長女 安居護（あいご）

存覚は、正応三（一二九〇）年六月四日生まれである。父覚如は二十一歳であった。母播磨局は覚恵に仕えていた女性であった。弟、従覚が生まれたのは五年後である。

存覚は、嘉元元（一三〇三）年、東大寺で出家した。最初から浄土教念仏道の研鑽ではなく、各地を巡り、他宗派や仏教全般について修行学習している。

一三二一年以降、父本願寺三世覚如にしたがい越前（福井）、尾張（愛知）などをまわり教化し、初期本願寺教団の基盤となる教学を整備、教団のその後の発展に大きく貢献している。

親子の意見対立はよくある話であるが、第一回目の義絶は元亨二（一三二二）年六月二十五日、覚如は存覚を義絶して留守職を剝奪し、廟堂から追放している。存覚に留守職を譲るのは八年後のことである。

存覚は門弟たちの立場を尊重し、門弟たちに人気があった。父から追放された存覚は、追放されても自身の信念は曲げず、各地で布教活動を行った。文筆の才能もあり執筆もできた。

十六年後、父子の和解がなり、一三三八年九月十八日、覚如は存覚の義絶を解いた。存覚と和解した覚如は、翌年、置文（遺言状）を作成している。

一三三八年、備後で日蓮宗徒と対論をした。その後も父覚如と再三義絶と和解を繰り返した。晩年は京都大宮に常楽台を創建し居住、後今小路に移り著述に専念している。

著述には『存覚一期記』『六要抄』（十巻）『持名抄』（二巻）『破邪顕正抄』（三巻）『歩船抄』（二巻）『女人往生聞書』『法華問答』『諸神本懐集』などがある。

親鸞聖人のお墓（廟堂）本願寺の留守職は、覚信尼―覚恵―覚如の三代相続であると、三代伝持の血筋を引く者であることを示し、留守職覚如は、正しく親鸞聖人を継承することを明らかにした。本願寺は宗祖親鸞聖人の廟所であり、かつ浄土真宗の正統、血脈を伝持する道場である。

親鸞聖人の全門弟は、ここを中心に結集すべきであると強調し、大谷廟堂を寺院化するとともに、ここに親鸞聖人の門弟を統摂し、浄土真宗の興隆を図ろうとしたのである。

後継者は存覚に譲らず覚如の妻、内室善昭尼―従覚―善如（従覚の長男）の順序で指名した。

善昭尼は覚如に先立ち死去した。そして従覚が辞退したので善如が跡を継いでいる。

## 善如――本願寺四世

本願寺四世善如（一三三三～一三八九）は、覚如の二男である従覚の長男である。青蓮院で修学して書にすぐれ、『親鸞伝絵』（一三四六年筆写、弘願本）と『教行信証延書』（六十年筆写）が現存する。覚如より譲状を付属され法嗣となり、翌五十一年、覚如八十二歳の死去により本願寺を継職している。六十一年の親鸞聖人百回忌に臨んで、親鸞聖人の遺徳を鑽仰し、存覚に依頼した「嘆読文」が永く報恩講で拝読されることになった。

善如が留守職につくと、存覚はそれを補佐し指導している。覚如の親鸞理解は信心による往生、つまり往生のために大切なのは念仏ではなく信心である。親鸞聖人の信仰を信心で理解したといえるだろう。

存覚は「真宗というはすなわち浄土宗也」（『六要鈔』）といい、唐の善導の称名念仏の重要性、そしてこの思想を受けた法然の浄土宗こそ真実の仏教であると、一般的な浄土宗の行中心の考え方に立ち、法然流の専修念仏を選びとったともいえる。

存覚はすぐれた学者であり、門徒にも親切であったが、本願寺教団の形にこだわった覚如とは考えを異にした。覚如は八十二歳で亡くなり、そのとき存覚は六十二歳であったが、善如を後継とし、本人は各地で活発な布教活動を行った。従覚は一三六〇年、六十歳で亡くなった。存覚は長寿をして一三七三年、八十四歳で人生の終焉を迎えた。

蓮如上人は従覚の継承説をとり、本願寺の歴代を、第一代覚如、第二代従覚、第三代善如、第四代綽如、第五代巧如、第六代存如、自身を第七代に位置づけている。すなわち従覚を歴代に加えているのである。親鸞聖人を起点とすれば、蓮如上人は八代目であるが、現在本願寺は従覚を除き、親鸞―如信―覚如―善如―綽如―巧如―存如―蓮如と、親鸞聖人を起点とし蓮如上人を八代目、中興の祖としている。

## 綽如――本願寺五世

本願寺五世綽如（しゃくにょ）（一三五〇〜一三九三）は、一三九〇年、父善如より譲状を受けて本願寺を継職した。八十年『口伝鈔』を始学の者が閲覧することを禁じている。長男の巧如に譲状を書き、地方教化を展開し、北陸地方の教化に当たった。越中富山の野尻の杉谷慶善の招きで一宇をつくり籠居する。

真宗の僧、杉谷慶善は越中野尻に居住し、ときどき京都東山の本願寺に参詣していた。一三九〇年、本願寺五世綽如の越中下向に際し、まず野尻へ招き、杉谷に案内し、綽如はここに一宇を建立した。朝廷から上人号と、井波に一宇建立の許可がおり、勅願寺に定められ、九〇年、瑞泉寺建立の勧進状の下、造立に及んでいる。

杉谷慶善は、綽如が井波に建立した瑞泉寺に関係していたようで、本願寺八世蓮如が瑞泉寺に立ち寄ったとき、慶善の娘、如蓮尼が留守居を務めていたという。

## 巧如——本願寺六世

巧如（ぎょうにょ）（一三七六～一四四〇）は本願寺五世の綽如の長男である。綽如は四十三歳で往生の素懐を遂げたが、譲状を受け本願寺を継職、六世となった。一四〇三年ごろ、越前荒川門徒の要請に応じ、弟周覚（綽如の三男）を下向させ興行寺を建立している。

兄頓円（一三八七～一四四七）は綽如の二男である。はじめ越前荒川門徒に請われ同地に下向するが「世法にまどわされ、仏法につぶさでない」（『反古裏書』）と排訴されている。三河（愛知）の和田門徒の系統に迎えられ、加賀直参坊主衆を付属させ、福井藤島に超勝寺を建てた。

加賀門徒の支持もあり、小松に本蓮寺を開基、彼の子孫たちは北陸における本願寺教線の中心勢力となっている。周覚も加賀松尾、越中上山に坊舎を創設するなど、北陸における本願寺の教線伸張に重要な役割を果たしている。

巧如は、父綽如が建立後無住となっていた越中、井波瑞泉寺に下向し、後に三男宣祐を同寺に止住させ、興行寺周覚の娘、勝如尼を配した。

これら一連の活動により、越前、加賀、越中に本願寺の教線が拡大した。

巧如は、後半期になると『口伝鈔』『執持鈔』などを書写して授与するなど、嗣法存如の補佐をうけ、熱心な教化を行うようになる。

## 存如——本願寺七世

一四三六年、巧如の長男存如に譲状を与えて、寺務を譲り本願寺七世が誕生した。七世、宗主存如（一三九六〜一四五七）の活躍には大なるものがある。越前石田西光寺、加賀木越、光徳寺、同二俣本泉寺、同吉藤、専光寺、能登阿岸の本誓寺などを拠点に強力な布教活動を展開した。

御功績として、

㈠ 前代までの六時礼讃による勤行に替えて、親鸞聖人の和讃を勤行に用いるようになった。

㈡ 三帖和讃を末寺に下付している。

㈢ 二四年、越後浄興寺六世住職性順に『安心決定鈔』『法華問答』『御伝鈔』『熊野教化集』『持名鈔』『浄土真要鈔』を授与した。

㈣　各地門徒に多くの聖教を下付、『正信偈』を『教行信証』より抄出して単行させたことは注目に値する。

㈤　三八年ごろには、親鸞木造を安置する御影堂（五間四面）のほか阿弥陀堂（三間四面）を造営した。

存如没後、八世、蓮如上人が住職となり、本願寺教団の基礎が築かれた。

**蓮如――本願寺八世**

一四五七年、蓮如四十三歳のとき、父存如が亡くなった。存如には正妻如円(にょえん)がおり、応玄(おうげん)や妹たち六人兄妹があった。如円は実子応玄を後継者にしようとした。蓮如より十九歳年下の二十四歳であった。後継には当初、応玄がという声が強かった。存如の妻は存如が本願寺七世となってから十八年間、内助の功を行い支えた人である。蓮如は後継者になる意欲を持ち合わせていた。

北陸加賀の国、本泉寺の如乗(にょじょう)は、一族のみならず、有力門徒にいかに蓮如が後継ぎに相応しいか説いてまわった。本願寺六世巧如の三男、つまり蓮如の叔父である。

如乗は瑞泉寺に住し、越前荒川興行寺、周覚の娘、勝如尼を妻とした人である。一四四二年、加賀二俣の本泉寺を開き、北陸教線の伸張に尽力した人物である。五七年、七世存如没後、その妻如円尼による応玄継職の企てに反対し、蓮如の継職実現に寄与している。

蓮如は如乗、宣祐（一四一二～一四六〇）四十八歳寂の活動に感謝し、本泉寺に息子の蓮乗、蓮悟、実悟を入寺させている。

蓮如上人（一四一五～一四九九）の実如に跡を譲るまで、中興の祖と仰がれる活躍により教団は一気に拡大する。

『蓮如北陸伝道の真実』『蓮如の福祉思想』（北国新聞社刊）拙著に、蓮如上人についてはを語り論述している。お読みいただければこの上もない幸せである。

## 蓮如の改革路線

蓮如四十三歳のとき、父存如が没した。存如には蓮如のほか正室の如円尼との間に二男四女の六人の子供があった。

存如の二男、応玄（蓮照。一四三三～一五〇三）は、青蓮院尊応を師として修学に努めていた。如円尼は、実子応玄の継承を望み、叔父の常楽台空覚らに擁立され、本願寺八世の継承者として存如の葬儀も応玄がとり行った。ところが、越中井波の瑞泉寺に住していた如乗（蓮如の父存如の弟）が蓮如の継承を強く主張し根回しを行った。

そこに天台宗末寺であった本願寺の姿勢を重視する従来路線と、本願寺教団興隆を進めようとしていた改革路線の対立が継職をめぐる争いに現れたともいわれる。如乗の働きによって八代目を継承した蓮如は、ただちに近江の南部、志賀、野洲両部あたりの教化にあたった。

金森の道西は近江金森（滋賀県守山市）に住す門徒であり、存如、蓮如に早くから親近し、蓮如もつねづね金森へ招かれていた。道西は近くの人たちを集め教えを聞いた熱心な門徒であった。金森の道西の望みによって親鸞聖人の『正信偈』の文意を簡明に解説した『正信偈大意』が著されていることによっても理解できるであろう。本願寺再興にあたって山科の地を選んだのは、道西の願いともいわれている。

蓮如は、『正信偈』に依りながら阿弥陀如来（帰命尽十方無碍光如来）への帰依を説き、民衆救済の道を示した。蓮如の教化により近江の志賀、野洲両部あたりには日々門徒集団が形成されていった。

これに目くじらを立てたのが比叡山延暦寺であった。なぜ比叡山勢力は本願寺を弾圧し、門徒を襲撃したのであろうか。

寛正六（一四六五）年、比叡山勅願不断念仏経衆が本願寺に送ってきた罪状通告文「叡山牒状」（『金森日記秡』）には、蓮如が無碍光と号する一宗を建立し、愚昧の男女、卑賤老若に教えを説いたため、徒党を組んで仏像、経巻を焼いたり神祇を軽べつしたりしている。正法を守り、国土を守るため、国家を滅ぼす基になる存在であると警戒し、本願寺を破却する、という趣旨であった。

当時比叡山だけでなく当時の公家、武家などが蓮如教団を指して「無碍光宗」と呼称していた。それは、蓮如が門徒道場に下付した「帰命尽十方無碍光如来」の十字名号から来た呼び名でもあった。

寛正六（一四六五）年正月十日、祇園社に籠っていた僧兵百五十人（三百人ともいわれる）が本願寺を襲撃する。いわゆる寛正の法難である。蓮如はすぐ本願寺を脱出、京の町中に潜んでいたが、やがて河内の慈願寺へ逃れ、多くの信徒の待つ近江金森へ移り住んだ。

比叡山勢力は弾圧の手を緩めず、再び三月二十三日には金森へと進軍し、金森の門徒衆と激しい戦いになった。世は戦国時代である。

付近の門徒は金森に集結、比叡山勢力と対決の姿勢をとった。一揆勢門信徒は、蓮如の指示もあり解散したが、比叡山勢力は金森近在の門徒の拠点赤野井を翌日攻撃した。

寛正の法難（本願寺弾圧事件）、破却の実行理由は「叡山牒状」のとおりであった。信仰の拠点本願寺を失い、宗教活動に制限が加えられた蓮如は、応仁元（一四六七）年二月、近江の湖西の堅田（かただ）に拠点を移す。応永二十（一四一三）年ごろから本願寺に帰参し、祖父巧如時代から本願寺に帰依した法住という門弟が馬場道場を営み、堅田門徒集団を組織していたからである。

法住たちは、馬場道場（後の本福寺）を拠点に延暦寺の圧力に対処し、蓮如の布教に助力し信頼も厚かった。堅田移転の三月には比叡山との和解も調い、法難は収まるかに見えた。翌、応玄二（一四六八）年に堅田衆が室町幕府の用材を積んだ船を襲う事件があり、比叡山による堅田攻撃事件（堅田大責）が再発する。比叡山勢力は堅田の町を焼き払った。そこで、蓮如は事前に堅田を離れ、大津浜へ難を逃れていた。

翌、文明元（一四六九）年、三井寺南別所近松寺のそばに堂舎を建て、親鸞聖人の木像（真影）を安置する。三井寺は、比叡山延暦寺が唯一近江において手出しできない寺院であり、擁護を願った形であった。一息つけた。

しかし、蓮如は、近江では比叡山が近く教化活動ができぬと感知し、新天地を求め、北陸の越前吉崎に進出することとなる。祖父の如乗を始め、本願寺一族が早くから北陸伝道を行い基盤もあり、念仏の教えが広まっていたことによるともいわれている。

蓮如は、文明三（一四七一）年七月に山上を平らにし、吉崎に坊舎を建立することになった。吉崎での四年間は、蓮如八十五歳の生涯にあって最も輝いた時期であった。よく知られているように、蓮如は、独自の教化活動を展開している。

一、本尊墨書六字名号の下付

叡山弾圧の理由の一つとなった「帰命尽十方無碍光如来」（十字名号）を止めて「南無阿弥陀仏」（六字名号）に変更した。吉崎を訪れた多くの人々に墨書の六字名号が手渡され、持ち帰り安置され道場にもなった。

二、御文（章）による教化

吉崎へ滞在する文明三年以降「御文（章）」の数は急速に増加する。「筆始めの御文（章）」（寛正二〈一四七一〉年）から文明二（一四七〇）年の十年間に書かれた「御文（章）」は僅かに六通である。文明三（一四七一）年には七通、文明四年には四通、文明五年には三十三通、文明六年には三十四通、文明七年には七月の吉崎退出までの八通と、八十六通もの「御文（章）」を残している。

近江では口伝による教化であった。それが文章伝道教化へと変更されている。「御文（章）」は、文字の読めぬ一文不知の尼入道が多い当時の門徒に読んで聞かせるために門徒が受け取り、それぞれが集まりをもつことで、吉崎に参詣せずとも蓮如の教えに巡り合う機会が生まれ、蓮如教団は北陸一帯に広まっていく。

## 三、寄合（講）を形成

文字が読める村落の指導者層を中心に村落規模の寄合をもった。親鸞聖人の念仏成仏の教えを学び、疑問点が話し合われた。坊守（僧侶）と年老、長、村の指導者、理解ある人々によって地域ごとに信仰集団が形成されていった。

声明の簡素化も課題となった。善導の『往生礼讃』を昼夜読誦する六時礼讃を「正信偈」六首和讃に変更し、その普及に蓮如は吉崎にて力を入れた。

北陸民衆の支持を得て吉崎に参詣する人たちは急増した。宿泊施設「多屋」が多数建てられ、町が形成されていった。車のない徒歩での参詣である。多屋は参詣者に必要不可欠な施設であった。

世の中は発展すると面白くない、ねたみ、そねみが拡大するものである。急速に拡大する蓮如教団を近江での比叡山同様に白山信仰の平泉寺、豊原寺などの仏教勢力が警戒するようになる。

越前（福井県）支配を朝倉氏と争っていた甲斐氏などの武士たちが、繁栄する吉崎を支配しようという野望をもち始めた。文明五（一四七三）年正月ごろより、吉崎に集まった人々は要害を作り外敵から町を守る準備に追われた。蓮如は京都へ帰ろうとしたが、山中温泉から福井藤島超勝寺あたりにて吉崎の多屋衆に連れ戻され、吉崎に帰坊した。吉崎が襲われたらどうしようか。蓮如と多屋衆は衆議をもって「仏法を守るために一命を惜しむことなく合戦をすべき」と多屋衆の御文の決議を行った。

蓮如の教線拡大は領国支配の強化をめざす守護大名との対立を生じさせ、一向一揆が登場してくる。加賀一向一揆である。長享二（一四八八）年、高尾城にて守護富樫政親を自刃させ倒す。それ以来、九十年余、加賀一国を支配する。加賀の国は「百姓の持ちたる国」として門徒領国が存続することになった。

一向一揆が起こって蓮如は、吉崎を離れ畿内へ戻った。本願寺の再建を志し、京都山科の本願寺建立を実現を試みる。この山科時代には、初期真宗諸内流が蓮如教団に合流し、教団の全国的拡大が実現していく。山科や大坂坊舎の寺内には寺内町ができ、一般民衆が居住し経済的基盤も確立したのであった。

## 蓮如後の血脈相続

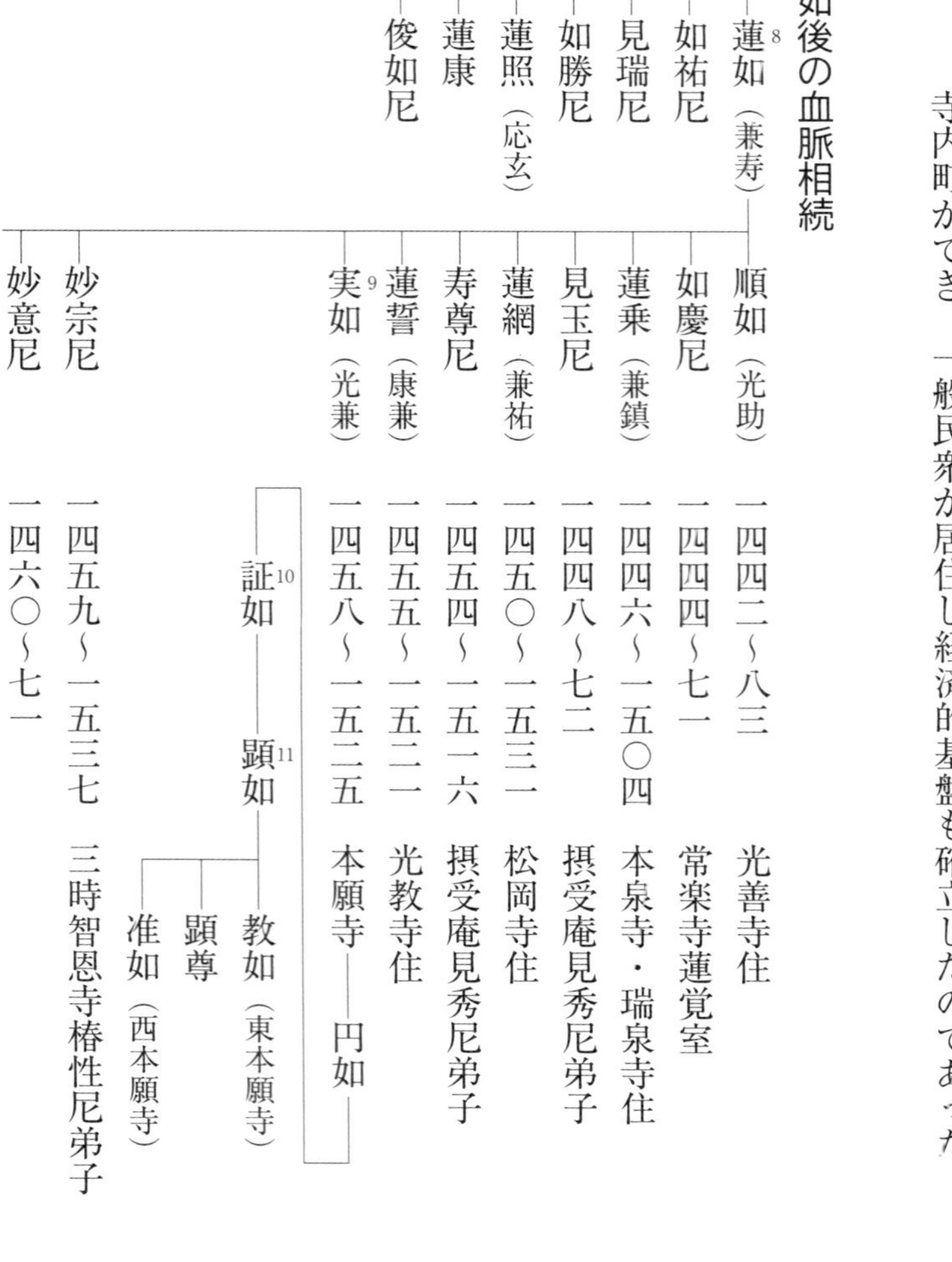

如空尼　一四六二～九二　興行寺蓮助室
祐心尼　一四六三～九〇　祇王伯資氏室
蓮淳（兼誉）　一四六四～一五五〇　顕証寺・願証寺住
了忍尼　一四六六～七二
了如尼　一四六七～一五四一　瑞泉寺蓮欽室
蓮悟（兼縁）　一四六八～一五四三　本泉寺住
祐心尼　一四六九～一五四〇　中山宣親室
妙勝尼　一四七七～一五〇〇　勝林坊勝慧室
蓮周尼　一四八二～一五〇三　超勝寺蓮超室
蓮芸（兼琇）　一四八四～一五二三　教行寺住
妙祐尼　一四八七～一五一二　勝林坊勝慧室
実賢（兼照）　一四九〇～一五二三　称徳寺住
実悟（兼俊）　一四九二～一五八三　願得寺住
実順（兼性）　一四九四～一五一八　西証寺住
実孝（兼継）　一四九五～一五五三　本善寺住
妙宗尼　一四九七～一五一八　常楽寺光恵室
実従（兼智）　一四九八～一五六四　順興寺住

## 実如（じつにょ）――本願寺九世

実如（一四五八～一五二五）は蓮如の五男である。一四六八年、法嗣に指名され、一四八九年、蓮如が隠退し事務を譲られ宗主となり、一四九九年、蓮如没後に継職している。

実如は、どんな人物であろうか。平和主義を守り、蓮如の『御文（章）』を編集し、教義の確立や教団の発展に尽くしたといわれている。

蓮如は生涯にわたって、京都から近江、そして北陸、山科、大坂へと拠点を移し、念仏の教えを民衆に宣布し続けた。一四九八年四月（八十四歳）、体の不調を覚え始める。山科本願寺の真影を参詣し、子どもや門弟たちと会話を楽しみ、土塁や堀を見学する日々であったといわれる。

山科本願寺造営は『御文（章）』に「本願寺は、忝（かたじけな）くも亀山・伏見両天皇から勅願所に任じられた」（文明十三年）と語られ、勅願所として公家社会に公認されたことなどからも、蓮如にとって大切な思い出深い山科であった。

三月十九日には食事が喉をとおらず、二十三日には脈が乱れ、二十五日正午に静かに眠るように往生の素懐を遂げ、翌日荼毘にふされた。享年八十五歳であった。今日も京都の山科蓮如上人御廟に安置されている。

その山科本願寺の造営がなったころ、北陸加賀では一向一揆門徒と守護富樫政親（とがしまさちか）の対立が深まり、一四八七年、政親の近江出陣を機に、一向一揆は再び武装隆起、政親はあわてて領国に戻ったが、翌二年、自害する状況となった。世に知られる長享二（一四八八）年に起こった「長享の一向一揆」、加賀の一向一揆である。富樫政親は攻め滅ぼされ「百姓のもちたる国」「門徒のもちたる国」となり、これを契機に蓮如は、翌一四八九年、寺務を実如に譲って南殿に隠居したのである。

一五〇六年、畿内・北陸などの各地に門徒の一揆が起こった際には、実如自身も細川晴元を支援し、河内誉田城の畠山氏の攻撃を指令した。しかし実如のこの指示が畿内門徒の間で不評を招いたため、以後大名間の紛争への介入を避けるとともに、一五一八年には実如自ら北陸門徒に三ヶ条の掟を発し、一揆などを起こさぬよう行状を戒めた。

①戦争の禁止、②徒党を組むことの禁止、③教団の組織整備に努め、教団の制度化を推し進め、儀式や声明作法の統一、教学の確立に努めた。

新しい坊舎を建てることを禁止する新坊建立禁止令を出し、翌年、一門一家制を定めた。本願寺の一族の寺院はこれまで一家衆と称されていた。それを本願寺住持（宗主）の兄弟を「連枝（れんし）」としてその寺を最上位に置き、次に住持の嫡子を一門衆。連枝の次男以下や前々からの一族の寺を「一家衆」として最下位に置いた。

実如はこの制度の設置および教学と機構の両面から本願寺教団の整備に従事した。朝廷に接近し、勅願寺となり香衣などを勅許されるなど、本願寺の社会的地位の向上に尽力したのも実如である。著述には『往生明文鈔』がある。本願寺九世実如は六十八歳で往生の素懐を遂げた。四人の実子があった。

長男　照如　明応九（一五〇〇）年　二十二歳寂
次男　円如　大永元（一五二一）年　三十二歳寂
三男　実玄　永正十二（一五一五）年　十九歳寂
四男　実円

実如の後継は次男円如の十歳の長男証如（しょうにょ）が継承した。

次男円如（一四八九～一五二一）は、兄照如の死去により光応寺蓮淳とともに本願寺九世として、父実如を補佐して教団の制度改革に着手し、三ヶ条の掟、新坊建立禁止令、一門一家制度などの制定を実質的に推進した。また、教義や儀式の整備にも腐心し、聖教の確定、声明の確立を行った。祖父蓮如の御文を収集し、五帖に編集したのも円如である。留守職継承前に三十二歳で若死したため、歴代には入っていない。

実如の三男、実玄（じつげん）（一四九七〜一五一五）は幼少より病弱であった。そのため一五一五年、十九歳で早世した。

実如の四男、実円（じつえん）は三河土呂本宗寺に住したが、兄実玄の死去により播磨英賀の本徳寺を兼住し、二十一年、長男である兄円如の死後は本願寺に常住して同寺十世証如を補佐した。天文年間（一五三二〜五五）年には石山本願寺における諸儀式への参加を主な努めとした。

## 証如（しょうにょ）――本願寺十世

証如（一五一六〜一五五四）は円如の次男である。一五二五年、祖父である本願寺九世実如の死により十歳で継職、本願寺十世となった。母の慶寿院鎮永、および外祖父顕証寺蓮淳の補佐を受けて加賀一向一揆の内乱、享禄・天文の乱の調停を通じて加賀を本願寺領国とし、各地の門徒と領主との抗争などに対処した。

一五三二年、室町幕府の管領、細川晴元（はるもと）の意をうけた六角定頼と法華宗徒により、山科本願寺が焼き討ちにあった（天文法華の乱）。そのため、寺基を大坂の石山坊舎に移し、坊舎を堀で囲まれた寺内町として造り変え、戦乱に備えた。その後、細川晴元を始め、近畿の有力武将や各地領主と友好関係を結び、四十一年には宿敵、加賀一向一揆で戦った越前の戦国武将、朝倉孝景（のりかげ）とも和解した。また、加賀に荘園を有する京畿の寺社、公家の依頼に応じて年貢の取り立てをするとともに、青蓮院、九条家、朝廷などに財政的援助を行い、自らも官位を得るなど、権門勢家との関係を深めた。

教団諸制度を整備して、直参僧侶の掌握と地域教団編成を実現し、本願寺法王国の宗主として君臨した。

## 顕如（けんにょ）――本願寺十一世

顕如（一五四三〜一五九二）は、安土桃山時代に活躍した本願寺十世証如の長男である。

石山本願寺は、蓮如が一四九六年、大坂に建立した隠居所（石山御堂）に始まった。一五三二年八月、山科本願寺が焼き討ちされたため、証如が移住し本寺、本山とした。以後、寺域を広げ防備を強化し、堂宇周辺に門徒が群集し、寺内町を形成した。新興商工業者が集まり、寺内は繁栄していた。織田信長と対立して、一五七〇年から十年にわたり抗戦を続けた。いわゆる石山合戦の拠点である。

永禄十一（一五六八）年、信長は本願寺に矢銭（軍資金）を五千貫要求した。その際は応諾した。しかしさらに元亀元（一五七〇）年、本願寺に石山の寺地を退去するように武将信長は要求した。

顕如は戦を決意し、一五七〇年九月、伊勢門徒等に織田信長と戦うことを命じ、諸国に檄をとばした。元亀三（一五七二）年、一時講和したが、翌年再び戦いを始めた。

信長は天正二（一五七四）年、伊勢長島一揆を討滅、翌年越前一揆を平定し、同五年、紀伊雑賀一揆を平定した。同六年、本願寺に兵糧を送りこもうとした毛利輝元の水軍を大坂湾で破り、救援物資の搬入が遮断され、石山本願寺は孤立する状態となる。

天正八（一五八〇）年、近衛前久の調停で顕如は信長と和し、本願寺を明け渡し石山を退去した。本願寺は焼かれた。紀伊・雑賀・紀伊鷺森（さぎのもり）・和泉貝塚と顕如は移り住み、天正十四（一五八六）年再び大坂に戻った。

この戦いで信長の天下布武は決定的となり、石山本願寺焼失の跡地に秀吉により大坂城が築城される。

以上が石山戦争のあらましである。石山本願寺の堅固な要塞地を信長は手に入れんとした。信長は、天下統一の覇権を握らんと都に入り、石山城（今の大坂城）をもって西国制覇の根拠地としようと企て、本願寺に譲渡を要求した。顕如は信長の申し出を拒否、両者間に戦争が勃発したのであった。

新手の兵を繰り出し攻撃する信長に対して、十一年間籠城したままで遂に屈しなかったが、後に朝廷からの勅旨によって両者間に和睦が成立したのであった。

大坂の石山本願寺とそのまわりは経済活動中心地、寺内町であった。真宗寺院を核にし、都市を形成していた。一向一揆の人々の生活の拠点であった。

寺内町のひとつ、大坂富田林（とんだばやし）につくられた街には、鍛冶、鋳物関係（鍛冶屋、鍋屋、研屋、鉄砲屋、鋳掛屋、鉈柄屋、鍵屋、金屋など）、衣料関係（紺屋、布屋、晒屋など）、木工関係（大工、桶屋、風呂屋、籠屋など）、油屋、茶屋、薬屋、紙屋など、生活百般に関する職業の人々や農民にて構成され、土塁や堀で囲まれていた。そして川、海、陸を結び、運搬業者が流通を担当していた。

大坂には、富田林のほか、清水南町、北町屋、新屋敷、西町、檜物屋町の六ヵ町があった。本願寺は全寺内町農村と深く縁を結び、顕如には多くの金品の上納があった。いわゆる「本願寺王国」ともいわれる富と武力を蓄えていた。

顕如は、戦国大名とは武力をもって争わぬ考えをもっていた。しかし一五六八年、信長から矢銭五千貫の要求を求められ、その上納金の要求も当初はのんだ。だが、本願寺王国崩壊の危機を感じ、各地の戦国大名と結んで戦う準備を始めた。北近江の浅井長政、越前の朝倉義景、甲斐の武田信玄、安芸の毛利元就、四国の三好氏らであった。顕如は貴族出身であったが、戦国大名のごとき側面をもちあわせていた。

浅井長政（一五四五～七三）は一五六〇年家督を継ぎ、北近江を統一して近江小谷城を本拠に一国を領在していた。

朝倉義景（一五三三～七三）は越前守護朝倉孝景の子であり、一五五五年加賀に出兵し、一向一揆を制し加賀半国を領有した。一乗谷に本拠を構え、将軍足利義昭を迎えている。一五七〇年、北近江の浅井長政とともに姉川の戦で織田信長に敗れ、天正元（一五七三）年に信長に一乗谷を攻められ滅ぼされている。

甲斐の戦国大名武田信玄（一五二一～七三）も、反信長勢力であった。

安芸の毛利元就（一四九七～一五七一）も安芸国で台頭、一五五五年、厳島の戦いで陶晴賢を倒し、周防、長門を併合、尼子氏を滅ぼし中国地方十ヶ国の大名であった。

これらの戦国大名と結んで戦いを進めた。

顕如は門徒に、信長が本願寺を壊すと通告してきた、親鸞聖人の流派が滅びぬよう、本願寺のために命を惜しまず決起してほしいと、全国の門徒に協力を求めた。一五七六年五月にかけて大坂付近で激戦が展開され、四天王寺で信長に敗れ、本願寺に立てこもることになった。

七月、紀州一揆と連携し、毛利水軍八百艘が大坂湾の織田水軍三百艘を破り、食糧と武器を本願寺に差し入れた。雑賀一揆は当時の本願寺の主戦部隊であり、信長に攻められ大打撃をうけた。大坂湾の制海権も毛利水軍は負け奪われた。勝負は、一進一退であったが、顕如は降伏の道を選んだ。

一五七九年暮、正親町天皇が和睦を進め、顕如は信長の講和条件を受諾したのである。顕如は寺を明け渡し、紀州雑賀の鷺森に向ったが、長男二十三歳の教如は和平方針を嫌い、最後まで戦うことを主張した。しかしながら信長への抗戦をあきらめ、八月二日には石山本願寺を出ている。

その二年後、天正十（一五八二）年六月二日、織田信長は明智光秀に殺された。信長に代って覇権を握った秀吉は、一五八四年八月、本願寺跡に大坂城を完成させた。
秀吉、徳川家康は、顕如の軍事力に魅力を感じたのか、顕如に、大僧正というこの上もない名誉を与え優遇し、そして天正十九年、顕如に京都七条坊門堀川の地に広大な境内地を与え、本願寺移転を命じた。阿弥陀堂、御影堂などを完成し、顕如は五十三歳で往生の素懐を遂げた。翌日、教如が本願寺を継いだ。母如春尼の異議があり教如は降ろされ、弟の准如（顕如の三男）が本願寺住持となった。

顕如
　├ 教如（きょうにょ）　長男（一五五八～一六一四）東本願寺十二世
　└ 准如（じゅんにょ）　四男（一五七七～一六三〇）西本願寺十二世

**教如——東本願寺十二世**

織田信長と石山合戦で活躍した新門跡である。一五八〇年、信長と和議が成立、父顕如は大坂石山本願寺を退出し、紀伊鷺森へ移った。しかし教如は籠城し、和議を拒否したため、顕如に義絶された。

籠城四ヶ月あまり、教如は敗北し、寺を退出し各地を流浪した。流浪中も宗主の権能である絵像などの下付を末寺に行い、八二年「本能寺の変」にて信長が命を奪われて後、顕如と和解している。

九二年、本願寺を継承することになるが、母如春尼と対立し、翌年豊臣秀吉の命により（母如春尼の秀吉への下工作、根回しもあったのであろうか）、籠城問題も手伝ってか、教如は隠居を余儀なくされた。隠居中も宗主意識を持ち続けた。

絵下付や蓮如本「正信偈和讃」の復刻改版を行い、石山旧縁地に大谷本願寺建立などを行った。このような一連の教化活動をとおして、教如を支持する門徒たちの「教如教団」を形成、一六〇二年、顕如の長男である教如は、徳川家康より京都七条烏丸に寺地を寄進され、東本願寺を創立することになる。

家康は信長の石山本願寺との十年戦争を教訓として心得、浄土宗の信者であったため、仏教保護政策によってお寺を保護した。教如は親鸞木像を上野の妙安寺より移し、東本願寺に安置している。難波別院、八尾別院、大津別院など各地に御坊を創立し、教線拡大の拠点とした。教如開基は十八御坊ともいわれている。

家康の宗教政策は宗派を分散させることによって一揆勢力をやわらげ、社会体勢、世の安泰を願ったと見られる。信長、秀吉は、一向門徒の一大勢力との戦いに滅ぼされかねない戦国時代の危機感のなかに常にあったわけで、社会政策上分派構想をもったに違いない。

## 准如——西本願寺十二世

准如（一五七七〜一六三〇）は本願寺十一世顕如の四男である。一五九一年、大坂天満の本山で得度した。九二年、父顕如が死去し、長男教如が本願寺十二世を継職した。が、翌年秀吉の命令で教如は退隠。教如に代って十二世となった。その後、教如が東本願寺を分立し、ここで本願寺は東西に分かれた。

准如は、江戸の浜町（築地）、大坂の津村、堺、福井、鷺森などに別院を開設し、幕府との関係修繕に尽力した。また、西本願寺の教団整備につとめ、消息を出して宗義宣揚をはかった。

一六一一年、宗祖親鸞聖人の三百五十回忌を勤めた。慶長の大地震、天和の出火のため焼失した諸堂の再興途中に死去した。

# 真宗系図

## ㈠血脈

(1)親鸞

- 覚信尼
  - 宗恵
    - (3)覚如宗昭
      - (3)※善入（出雲路派）— (4)善智 — (5)善幸 — (6)善岌 — (7)善教 — (8)善鎮 — (9)善覚 — (10)善光 —
      - 慈俊 — (4)善如俊玄 — (5)綽如時芸 — (6)巧如玄康 — (7)存如圓兼 — (8)蓮如兼寿 — (9)実如光兼 — (10)證如光教 —
      - （木辺派）(4)存覚光玄 — (5)慈観綱嚴 — (6)慈達綱昭 — (7)慈賢達嚴 — (8)慈光 — (9)慈範觀昭 — (10)慈澄教嚴 — (11)慈養賢昭 —
- 高野尼
- 益方
- 明信
- ※(2)善鸞
  - (2)如信
- 昌姫
- 範意

※出雲路派のみ善鸞を二祖、善入を三祖とする。

- (11)善秀
- (12)善照
- (13)善舜
- (14)善誉
- (15)善休
- (16)善問
- (17)善進
- (18)善栄
- (19)善祐
- (20)善雲
- (21)善静
- (22)善慶
- (23)善聴
- (24)善解

(11)顕如光佐

（本願寺派）

- (12)准如光昭
- (13)良如光圓
- (14)寂如光常
- (15)住如光澄
- (16)湛如光啓
- (17)法如光闡
- (18)文如光暉
- (19)本如光摂
- (20)廣如光澤
- (21)明如光尊
- (22)鏡如光瑞
- (23)勝如光照

（大谷派）

- (12)教如光寿
- (13)宣如光従
- (14)琢如光瑛
- (15)常如光晴
- (16)一如光海
- (17)眞如光性
- (18)從如光超
- (19)乘如光遍
- (20)達如光朗
- (21)嚴如光勝
- (22)現如光瑩
- (23)彰如光演
- (24)闡如光暢

- (12)慈教勝嚴
- (13)慈統信昭
- (14)良慈昭嚴
- (15)常慈良嚴
- (16)宅慈常昭
- (17)觀慈常昭
- (18)賢慈良昭
- (19)淳慈
- (20)孝慈尊行

# 真宗系図

(二)法系

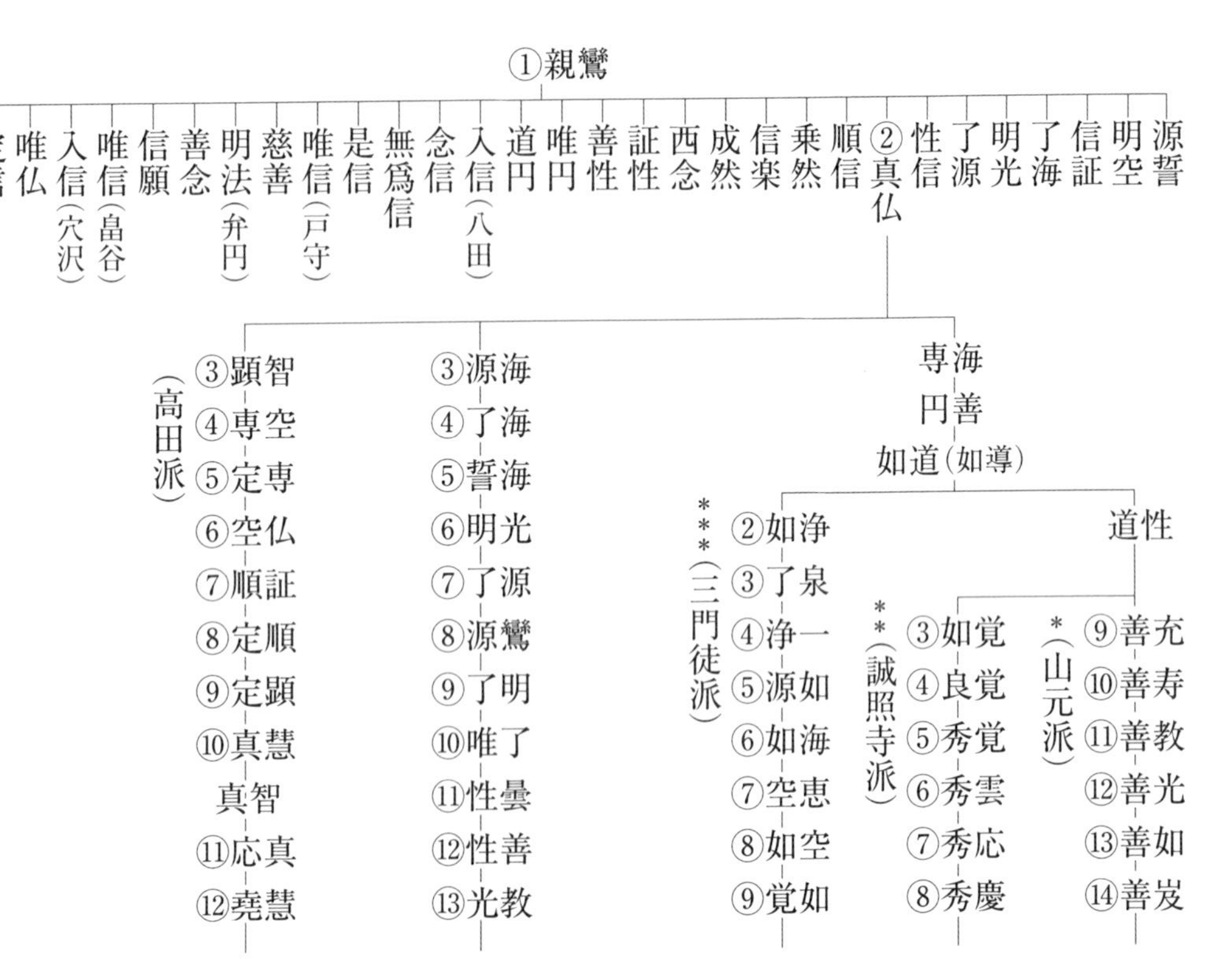
①親鸞
定信
唯仏
入信(穴沢)
唯信(畠谷)
信願
善念
明法(弁円)
慈善
唯信(戸守)
是信
無為信
念信
入信(八田)
道円
唯円
善性
証性
西念
成然
信楽
乗然
順信
②真仏
性信
了源
明光
了海
信証
明空
源誓
(高田派)③顕智—④専空—⑤定専—⑥空仏—⑦順証—⑧定順—⑨定顕—⑩真慧—真智—⑪応真—⑫尭慧
③源海—④了海—⑤誓海—⑥明光—⑦了源—⑧源鸞—⑨了明—⑩唯了—⑪性曇—⑫性善—⑬光教
専海
円善
如道(如導)
***(三門徒派)②如浄—③了泉—④浄一—⑤源如—⑥如海—⑦空恵—⑧如空—⑨覚如
**(誠照寺派)③如覚—④良覚—⑤秀覚—⑥秀雲—⑦秀応—⑧秀慶
道性
*(山元派)⑨善充—⑩善寿—⑪善教—⑫善光—⑬善如—⑭善岌

―⑮善養―⑯善応―⑰善閑―⑱善阿―⑲善念―⑳善超―㉑善融―㉒善住―㉓善瑩―㉔善敬

―⑨秀榮―⑩秀意―⑪秀盛―⑫秀顕―⑬秀恵―⑭秀山―⑮秀誠―⑯秀海―⑰秀如―⑱秀存―⑲秀憲―⑳秀実―㉑秀芳―㉒秀蓃―㉓秀嚴―㉔秀観―㉕秀量―㉖秀源―㉗秀暁

―⑩善智―⑪善連―⑫善慶―⑬善性―⑭善空―⑮如善―⑯如閑―⑰証如―⑱広如―⑲証如（再任）―⑳誉如―㉑賢如―㉒信如―㉓聞如―㉔光如―㉕宣如―㉖円如

（仏光寺派）⑭経誉―⑮経光―⑯経範―⑰存海―⑱経海―⑲随庸―⑳随如―㉑寛如―㉒順如―㉓随応―㉔随念―㉕真達―㉖家教―㉗真空

（興正寺派）⑭蓮教―⑮蓮秀―⑯証秀―⑰顕尊―⑱准尊―⑲准秀―⑳良尊―㉑寂帆―㉒寂永―㉓寂聴―㉔法高―㉕真恕―㉖本誓―㉗本寂―㉘本常―㉙真淳

―⑬堯真―⑭堯秀―⑮堯朝―⑯堯円―⑰円猷―⑱円遵―⑲円祥―⑳円禧―㉑堯煕―㉒堯猷―㉓堯祺

＊＊＊三門徒派は如道（如導）を宗祖とする。

＊＊誠照寺派は①親鸞―②道性のあとに続く。

＊山元派は、①親鸞―②善鸞―③浄如―④鸞如―⑤旦応―⑥如顕―⑦道閑―⑧道性のあとに続く。

『親鸞聖人』
宮崎圓遵，藤島達朗、平松令三編
昭和四十八年 三月　徳間書店　参照

# 結びに

若いときからやせたソクラテスといわれた筆者は、親鸞の宗教思想、哲学に魅力を感じ、一求道者として叡智を究め、そして、ふとふりかえって見ると、六十八歳の誕生日を迎えている。孫・子から祝福されて生老病死の人生行路の推移を知らされ、初発心の心が思い浮かぶ。

誰もがそうであろうが、若いときから人生の哲学的思惟、課題解決に悩む。

人間は悩みをもつ生きものである。だが、猫や犬は悩まない。犬や猫に悩みはないであろうか。例えあったとしても、その苦悩は人間としての苦悩と異なるはずである。人間として生きるということには心配や悩みがつきものであり、「悩み」は人間の特徴である。

悩み解決に取り組む。先人の叡智を参考にし、哲学するところに真の人間の姿がある。逃げの姿勢では解決は望めない。先達も同じ人間としての苦悩を背負いその時代を生きたのであり、先人の智慧が解決の道を与えるであろうことを心得るべきである。

若いときからこのように思索し、生きる意味の哲学的叡智を求めていたように思う。

人間は、動物・植物の生命現象とは違い、一生をただ呼吸し食べて寝るだけの酔生夢死では生きていけない生き物である。そこには高度の精神をもつ人間としての尊厳、存在意義、存在価値が求められているように思える。

何のために、何故生きるのか。人間にふさわしい生の営み、生の意味の哲学が求められている。

果たして、私たちは生の意味を喪失したまま生きていられるのであろうか。

ニーチェ（Nietzsche. F., 一八四四〜一九〇〇）は、ヨーロッパの伝統的価値観、キリスト教的価値観の無効を宣言し、「神は死んだ」と叫んだ。現実を直視せよと現代のニヒリズムとして近代文明の価値そのものが問われた。

既存の一切の真理や価値が崩壊した結果、人間が無意味に思える状態、キリスト教的信仰が崩壊し始めたところに、十九世紀最大の危機を見、これをニヒリズムと呼んだ。

このニヒリズムの克服、つまり生きる意味の発見が求められ、人間とは何か、人間の尊厳、主体的生き方が求められた。

フランクル（Frankl,Viktor Emil, 一九〇五〜一九九七）は、ナチスのユダヤ人狩りにあい、家族ともども強制収容所に入れられ、そこで妻子を失った。主著『夜と霧』（*Ein Psychologe erlebt das Konzentrationslager*, 1947）には、迫りくるガス室を前にして、生きる意味を問い、生きるということは人のために生きることであるという、生きる意味に覚醒する体験が語られている。仏教でいう「忘己利他」である。

人々の利益、他の人々のために生きることで自分の幸福が実現されるという倫理観、利他主義であり、自分のためでなく、他の人々の救済を優先する大乗利他の考え方である。自分に利益を与える自利思想ではない。換言すれば自分だけがよければよいという ego 思想、主我主義ではないのである。

生きる意味、人間活動の主体は利他（人々のため）ということであり、この愛の実践、共助（ともに救われる）という利他愛が求められている。

こう小生の若き日の『人生論ノート』に記載がある。

「青年よ大志を抱け」

夢や希望のない人生も人間の一生である。願わくば希望を持って夢に生きる人生が望ましい。

夢は現実ではない。希望である。可能性であり、現実性ではない。夢見ることによってその可能性が現実化するのである。

青年よ大志を抱けとは、夢を生きる尊さを諭している。人生には目標が必要である。桃栗三年柿八年、念願は成就する。願いは叶う。

達磨（だるま）に墨で片目を入れ念ずることをよく行うが、念ずれば花開くであろう。善根を植えて疑えば花開かず、種や球根を植えて疑うと花は開かないと、開花を信じ念ずることの大切さを教えている。

身体をもった人間は精神（心）を持っていて、心身一如の一元論に立つのが東洋人の物の考え方である。心と体、精神と身体が一体となっていて、二つ（二元論）でないということである。

病気にも身体の病と精神の病がある。

精神は心、魂であり、肉体は対義である。気力、意気込み、根気、物事の根本となる大切な意義、思想目的であり、哲学では知性や理性の働きをもとにした目的を意識している能力である。

「初心忘るべからず」（最初に心に決めたこと、習い始めたときの気持ちを忘れてはならない。志したときの意気込みや謙虚さを常に失わないようにしなくてはならない）

「精神一到、何事か成らざらん」（精神を込めて努力すれば、どんな難しいことでもできる）と諭す。

われらの個人存在は心身一如であるが、その存在、われわれの心身は五つの構成要素の集まりより成り立っている。心身を五種に分けて分析しているのが仏教のとらえる人間存在の見方、五蘊無我である。

色（身体、その物質性と心）、受（感覚、感情）、想（心に浮かぶ像、表象作用）、行（意志、潜在的形成力）、識（認識作用、識別作用、意識そのもの、心の行動）である。そのように人間の存在は身体と心より成り、五つの集まりより成り立っている。

物質面（色）と精神面（他四つ）から成り、この五つの集まり以外に独立の我はないと考える。生存の姿、存在論である。定まった本体がないため無我である。我を有しないというのである。霊魂は存在しない。形而上学的な問題に関しては釈尊は返答をしなかった。

永遠不滅の本体はなく、固定的実体、我はない。無自性、実在しない。存在しない。実体がない。執着すべきものは存在しないと、空観を説いた。つまり、存在するもの自体には、実体、我性というものはない。自我の実在を認め、我および世界を構成するものの永久の恒存性を認める誤った見解を否定したのである。

何もない無実体性を示し、もろもろの事物は因縁によって生じ、固定的実体がない。縁起しているというすべての現象は、無数の原因や条件が相互に関係しあって成立しているものであり、独立自存のものではない。持ちつ持たれつの関係である。現象的存在が相互に依存しあって生じている仏教の基本的教説を説く。

人間が生存する限り避けられない生老病死の生存構造は人生の苦悩の根本として、ライフサイクルにおける避けられない四苦であり、宇宙の道理、自然の法則である。

何人も老い、病にかかり、死を迎える人生構造にあるという諸行無常である。万物は常に変転して止むことがない。もろもろのつくられたものは無常である。生じては滅びる性格のものである。それらの静まることが安楽であるという。

「色は匂へど散りぬるを、わか世たれそ常ならむ。有為の奥山けふ越えて、浅き夢みし酔ひもせす」。いろは歌は、私たちがよく知る親しみのある「諸行無常偈」詩句、四句を歌っている。実はこの無常観によって、私たちの人生は真摯な生き方が求められるのではなかろうか。

人間には生活者としての衣食住が必要である。「衣食足りて礼節を知る」。生活に追われ駆けずり回って働く。暮らしが楽になると礼儀を知るようになる。精神論のみでは生活はできぬ。生活必需品が現実の生活には必要であろう。しかしながら、余裕ができると、精神、心の豊かさ、生き甲斐を求めるのも人間の生活である。精神生活なしには、高度な人間は、人間としての喜びや生きる意味を得られないであろう。

人生五十年を待たず、天寿をまっとうする人たちが多かった鎌倉時代に生きた親鸞聖人の八十代および九十代におけるたくましいエネルギーには、実に感服させられる。和讃をつくり、信仰の支えとなる先徳の指南書を書写し、著述を続ける。生きられる時間が定められている無常観が、活動のエネルギーを与えたのであろうか。死後の浄土往生ではなく、現世の日々、その生活を大切に、正覚「本願」に生きる親鸞聖人の姿が見られる。

妻の恵信尼公は越後にいる子女の小黒女房や益方とともに子孫を守る暮らしである。弘長二（一二六二）年十一月二十八日、三条富小路の尋有の房舎で、親鸞聖人は遂に終焉を迎える。

末娘の覚信尼（一二二四〜一二八三）は、夫の日野広綱と死別し、一子の覚恵をつれて親鸞聖人のもとに帰って、聖人入寂までともに暮らしていた。

臨終には覚信尼、尋有のほか、越後から親鸞のもとに上洛した子の益方もおり、関東東国の門弟も何人かが加わり立ち合った。

遺体は荼毘にふされ、東山の大谷に葬られた。現在の知恩院山内の崇泰院の地であった。文永九（一二七二）年、覚信尼は、門弟の援助により、吉水の北辺に親鸞の遺骨を移し、御影堂を建立し、その護持にあたる。

東国の門弟は聖人在世のときと同様、京都にのぼり墓参し、留守職の覚信尼に懇志を運んだ。

覚信尼は廟堂の留守職を聖人の子孫とすることを門弟に了解を得て、親鸞の墓所を中心として門弟の庇護と結束を願った。この墓所が寺院の形態を整え発展するのは、覚信尼の孫覚如（一二七〇～一三五一）の努力による。『親鸞聖人伝絵』（伝記）を作り、讃仰し、門弟門徒との交流を深めている。親鸞の孫の如信（善鸞の子。一二三五～一三〇〇）は、覚如に相続されることを強調し、『口伝鈔』『改邪鈔』を著わし、後継二代目として親鸞聖人の教えを、宣布したのである。

さて、本著のテーマ『恵信尼文書』は、親鸞聖人御入滅を伝えた末娘覚信尼と母恵信尼との御消息十一通である。

この恵信尼公のお手紙の発見によって、親鸞聖人の存在、その史実が明らかになったことはすでに述べたとおりである。

聖人七百五十回忌の二十一世紀の今に生きる末の世の私たちが、開き読む文書であるため、現代社会の視点を解釈に加えた。

妻恵信尼公が、観世音菩薩の化身と尊敬し語る親鸞聖人のお姿が心に伝わってくる。『恵信尼文書』も、先学のお陰で優しく読めることができる幸せに感謝し、今はひとまず筆を置くこととする。

平成二十三年九月一日

つくつく法師と蝉の声の聞こえる夜明け、阿弥陀寺書斎にて著者識す

# 参考文献

『恵信尼消息』（恵信尼文書）十一通については、恩師石田瑞麿『親鸞とその妻の手紙』（春秋社 一九六八年、二〇七〜二五五頁）を参照にした。原文は旧仮名のため、現代文を採用した。

『真宗聖教全書』五、拾遺部下「恵信尼消息」九九〜一一五頁、大八木興文堂、一九四〇年

『真宗聖教全書』二、宗祖部、同

鷲尾教導『恵信尼文書の研究』中外出版、一九二三年

梅原眞隆『恵信尼文書の考究』専長寺文書伝道部道、一九五七年

家永三郎編『新訂親鸞聖人行実』法藏館、一九六九年

増谷文雄編『親鸞』筑摩書房、一九六八年

笠原一男『女人往生思想の系譜』吉川弘文館、一九七五年

早島鏡正『親鸞聖人と恵信尼公文書』文明堂、一九七二年

藤島達朗『恵信尼公』恵信尼公遺徳顕彰会、一九五六年

安井広度編『親鸞聖人と恵信尼公のことば』法藏館、一九六三年
今井雅晴『恵信尼公消息に学ぶ』東本願寺出版部、二〇〇七年
菊村紀彦『恵信尼から見た親鸞』鈴木出版、一九八八年
佐藤扶桑述『恵信尼公物語』恵信尼公顕彰会、一九五六年
大谷嬉子『親鸞聖人の妻 恵信尼公の生涯』主婦の存在、一九八〇年

今井雅晴『親鸞と恵信尼』自照社出版、二〇〇四年
笠原一男『親鸞と東国農民』山川出版社、一九五七年
今井雅晴『親鸞と東国門徒』吉川弘文館、一九三六年
『現代語訳親鸞全集』第九集、先学、講談社、一九七四年
宮崎圓遵・藤島達朗・平松令三編『親鸞聖人』徳間書店、一九七三年
今井雅晴『親鸞と本願寺一族』雄山閣出版、一九九九年
『蓮如と本願寺』京都国立博物館、一九九八年

『日本史総合辞典』東京書籍、一九九一年
『真宗人名事典』法藏館、一九九九年

『真宗新辞典』法藏館、一九八三年
中村元『広説仏教語大辞典』上中下、東京書籍、二〇〇一年

# あとがき

聞法（仏教の教えを聞く）という習慣のない首都圏千葉の環境にあって、転法輪、伝法相承の因をまくつどいとして、導師の勤行そして、節談説教の第一人者・廣陵兼純師（能登輪島満覚寺）をお招きして正信偈に続いてご法話を行うことになった。

聞き慣れ雀の少ない関東という辺鄙な辺土で、一体節談説教が人々の心に染み入るであろうかと少々心配であったが、荒れる精神的風土を放置もできずに、因果歴然、中興蓮如上人のパワーの弘まりを信知する延長線上に企画、構想をもったのであった。

節付説教（後に節談説教）は学問とは異質のもの、学問や理屈ではなく、言葉に節（抑揚）をつけ、鍛え上げた美声と絶妙の節回しをもって聴衆の感覚に訴える「情念の説教」である。本堂いっぱいの聴衆を、鮮やかな弁舌にて陶酔させ、信仰心を深めさせる布教方法である。

平安末期から鎌倉期に活躍した澄憲（天台僧）とその子の聖覚が築いた安居院流。定円が立てた三井寺派が説教の家元的存在として並立し、節付説教が盛行、その安居院流の説教技術が浄土宗と真宗に入り、江戸時代には三井寺派を吸収して大発展を遂げる。

説教の文句は美しく、宗義を踏まえ、和讃、法話を巧みに導入し、聴衆の心のなかに入り込み、文学としても芸術性をも具備している。

この一年間、仏祖のご加護を賜り有り難う、それが『報恩講』を営む「報恩謝徳」の心であるが、索漠とした現代社会、「お蔭様で」という人間本来の大切な感謝の心を覚醒するための大切な仏教行事であると、こう信知したのである。

平成二十三（二〇一一）年は、親鸞聖人七百五十回忌御遠忌に当たり、全国各地にて盛大に報恩講が営まれ、大勢の参詣者が念珠を持ち合掌し、光闡の大開に感激し、崇敬の念を強くしている。

通常、五十回忌で先祖として崇敬されがちな仏たちの多いなかで、鎌倉時代から七百五十年のときを経過してなお、報恩謝徳の心あり、称名報恩の御遠忌が営まれる相続心に、不思議な信仰のまごころ、崇高な帰依の心を感じる。

索漠とした現代社会にあって、心の依りどころ、仏たちの叡智の相承、伝統の素晴らしさ、法身に感服する思いである。

人々には今も心の依りどころが必要であり、そこに親鸞聖人、恵信尼公という歴史的存在の考察もあろう。

記念すべき御遠忌の年、私どもの自坊阿弥陀寺においても恭しく内陣の荘厳を整え、十一月二十八日のご開山聖人のご命日の前日、有縁者とともに報恩講を営み、少しでも仏教にお親しみいただこうと、寺のそばにある当寺経営の敬老園サンテールにても感謝のつどいを有縁者とともに行った。老人ホームでの報恩講は初めての試みであったが、なかなかの人気で涙を流している人もいる程好評であった。

さて、私たちは日常茶飯事にあけくれ、目の前の出来事に心を奪われて日々を過ごしている。歳月は流れども、年齢は自然と加わるといえども、いつまで経っても成長が見られないことが多い日々にある。同じ状態、または質の低下さえ見られる。凡夫低下の愚鈍の身である。浅学菲才の浅ましき者である。自ら主体的に学び研鑽し向上心がない限り、人間の能力は低下の一歩をたどることであろう。

研いてこそ輝きを増す。質の向上に及ばないマンネリズム（mannerism）はマンネリとして語られるが、個性を失って型にはまった状態であり、千篇一律、紋切り型である。自然律は因果応報（因果の法則）にあり、したがって努力は最大の味方になるが、現実は淘汰社会であろう。

そのような社会生活にあって、自ら三宝に帰依し「大衆とともに」仏教の真髄を理解し念願成就の人生行路を民衆とともに歩むことは大切極まりなきことである。聞くというは信の実りをあらわすなり。師から仏の教えを聞く「聞法」、仏法を聞いて喜びを生ずる「信心歓喜」、教えを聞いて阿弥陀仏の名号を憶念し忘れない「聞其名号能不忘」、真理の根本をきわめ、世の中の衆生を救う大乗の菩薩の上求菩提、下化衆生の心であろう。仰いでは悟りを求め、悟りにいたる路線に向って進み、伏しては世の人々を救い導く。そのような思いのなかで本著が誕生している。

愚禿の系譜にある人間であるが、皆とともどども信仰心を獲得した篤信の者でありたいと願う今日このごろである。

本著誕生のご縁は大学院生時代より親交のある国書刊行会・佐藤今朝夫社長および今野道隆編集ご担当のお力添えのお蔭であり、心から感謝の意を申し上げたい。

一人でも多くの人に本著をお読みいただければこの上もない喜びである。

平成二十三年十一月

報恩講を迎える早朝、著者識す

## 宇野弘之（うの・ひろゆき）

1944年、愛知県生まれ。宗教哲学者。1969年、東洋大学大学院文学研究科修士課程修了、1972年、同大学院博士課程でインド学仏教学を専攻研鑽。

1998年4月、介護福祉士養成校として専門学校「新国際福祉カレッジ」（介護福祉学科）、救急救命士養成校として「国際医療福祉専門学校」（救急救命学科）千葉校を設置し、学校長に就任。2004年4月、千葉校に精神保健福祉学科通信制および、理学療法学科を増設。2007年4月、石川県七尾市に救急救命士、理学療法士、作業療法士を養成する国際医療福祉専門学校の七尾校、2011年4月設立の岩手県一関校に救急救命学科を設置し、学校長に就任。

### ●主な役職

【宗教法人】浄土真宗　霊鷲山　千葉阿弥陀寺住職

【学校法人】〔阿弥陀寺教育学園〕能満幼稚園・ちはら台幼稚園・専門学校新国際福祉カレッジ・国際医療福祉専門学校　各理事長

〔宇野学園〕千原台まきぞの幼稚園・おゆみ野南幼稚園　各理事長

【社会福祉法人うぐいす会】特別養護老人ホーム誉田園・介護老人保健施設コミュニティ広場うぐいす園・ケアハウス誉田園・指定障害者支援施設こころの風元気村・稲毛グループホーム・デイサービスセンターはなみずき　各理事長

【社会福祉法人おもいやり福祉会】ちはら台東保育園理事長

【有料老人ホーム】敬老園ロイヤルヴィラ（稲毛・西船橋・八千代台・大網白里・札幌・東京武蔵野・千葉矢作台・千葉城そば）・敬老園サンテール千葉・ナーシングヴィラ（東船橋・浜野・八千代台）　各理事長

【医療法人社団シルヴァーサービス会】介護老人保健施設船橋うぐいす園・デイサービスセンター矢作　各理事長

【霊園】メモリアルパーク千葉東霊園・佐倉メモリアルパーク・船橋メモリアルパーク・市川東霊園・市川聖地霊園・メモリアルパーク市原能満霊苑・桜の郷花見川こてはし霊園　各管理事務局長

### ●主な著書

『大無量寿経講義』『阿弥陀経講義』『観無量寿経講義』『正信念仏偈講義』『十住毘婆沙論易行品講義』（山喜房佛書林）、『大乗仏教の社会的救済実践とその思想――仏教福祉学序説』『大乗仏教の社会的救済とその系譜』『心の風邪治療法』『心の病の人間学』『仏教精神生活療法』『宇宙法則の発見』（阿弥陀寺教育学園出版局）、『孫・子に贈る親鸞聖人の教え』（中外日報社発行、法藏館発売）、『蓮如　北陸伝道の真実』『蓮如の福祉思想』（北國新聞社）、『「心の病」発病メカニズムと治療法の研究』『住職道』『高齢化社会における介護の実際』『親鸞聖人の救済道』『仏教エコフィロソフィ』『無宗教亡国論』（国書刊行会）

# 恵信尼公の語る親鸞聖人

2012年6月15日　初版第1刷発行

著　者　宇野　弘之
発行者　佐藤今朝夫

〒174-0056　東京都板橋区志村 1-13-15
発行所　国書刊行会
TEL.03(5970)7421(代表)　FAX.03(5970)7427
http：//www.kokusho.co.jp

装丁　Cforce
印刷　モリモト印刷(株)
製本　(資)村上製本所
落丁本・乱丁本はお取替いたします。
ISBN978-4-336-05515-6